敦刻尔克大撤退

[英]萨拉·班克斯 —— 编著
张建威 —— 译

中国画报出版社·北京

图书在版编目（CIP）数据

敦刻尔克大撤退 / (英) 萨拉·班克斯编著；张建威译. -- 北京：中国画报出版社，2020.12

（萤火虫书系）

书名原文: History of War Book of Dunkirk

ISBN 978-7-5146-1952-2

Ⅰ. ①敦… Ⅱ. ①萨… ②张… Ⅲ. ①敦刻尔克撤退 (1940) - 史料 Ⅳ. ①E195.2

中国版本图书馆CIP数据核字(2020)第224761号

History of War: Book of Dunkirk
Articles in this issue are translated or reproduced from History of War: Book of Dunkirk, Fourth Edition and are the copyright of or licensed to Future Publishing Limited, a Future plc group company, UK 2019.

著作权合同登记号：01-2020-6600

敦刻尔克大撤退

[英] 萨拉·班克斯 编著　张建威 译

出 版 人：于九涛
选题策划：赵清清
责任编辑：赵世明
审　　校：崔学森
责任印制：焦　洋
营销主管：穆　爽

出版发行：中国画报出版社
地　　址：中国北京市海淀区车公庄西路33号　邮编：100048
发 行 部：010-68469781　010-68414683（传真）
总编室兼传真：010-88417359　版权部：010-88417359

开本：16开（787mm×1092mm）
印张：12
字数：140千字
版次：2020年12月第1版　2020年12月第1次印刷
印刷：北京汇瑞嘉合文化发展有限公司
书号：ISBN 978-7-5146-1952-2
定价：60.00元

敦刻尔克大撤退

  1940年5月26日至6月4日，约34万盟军士兵从法国的敦刻尔克渡海撤回英国，避免了在德军的包围下全军覆没的命运，这就是举世闻名的敦刻尔克大撤退。在这场有史以来规模最大的军事撤离行动中，盟军用自己卓越的组织力和超强的适应力创造了奇迹，被丘吉尔誉为孕育胜利的退却。

  本书清晰展现了这场撤军行动的来龙去脉，包括战前形势、作战准备、战役过程，对德国、英国、法国三个参战方的战略决策、作战武器、关键人物进行全面剖析，并对撤退行动中空军、海军和民船扮演的不同角色做出详细解析。本书还探讨了人们长期以来对这场战役莫衷一是的看法，对其后续影响进行了入木三分的阐释，并辅之以不可多得的独家采访和大量使人如临其境的历史旧照，是对敦刻尔克大撤退感兴趣读者的案头必备。

目 录

| 4 | 敦刻尔克撤退大事记 |

撤退起因

- 16　备战德国侵略
- 23　关键人物：海因茨·古德里安
- 30　致命计划
- 38　灾难降临法国
- 43　且战且退敦刻尔克
- 51　关键人物：约翰·维里克（戈特勋爵）

撤退行动

- 60　敦刻尔克绝境
- 73　关键人物：伯特伦·拉姆齐
- 80　全速开赴敦刻尔克
- 92　逃离敦刻尔克
- 100　敦刻尔克谢幕
- 113　关键人物：格德·冯·伦德施泰特
- 118　英国皇家海军的角色
- 127　影子舰队
- 138　英国皇家空军的角色
- 149　敦刻尔克作战武器

大结局

- 158　退却中的胜利
- 170　直面新的挑战
- 178　敦刻尔克"奇迹"？
- 186　如果A集团军群在阿登地区遭到轰炸会怎样？

敦刻尔克撤退大事记

这些事件塑造了有史以来最大规模的军事撤离行动，成就了最神奇的战争逃生计划。

★ 虚假战争结束
1940 年 5 月 10 日
法德边境

在入侵波兰，并将波兰首都华沙夷为平地之后，希特勒准备将注意力转向法国。德国在一战投降的屈辱还历历在目，希特勒急不可耐地利用全新的闪电战术再次摧毁了波兰。随着纳粹德国国防军开辟西部战线，越过边界进入法国，英法宣而不战的虚假战争戛然而止。德国三个集团军群避开防守严密的法国马其诺防线，在两个方向上发起主攻：一是攻打法国阿登地区，二是攻打荷兰和比利时。法国军队和英国部署到欧洲的远征军，都对即将向他们发起的闪电战毫无准备。法国战役已经打响。

★ 德军空降荷兰
5月10日，荷兰

★ 英国首相张伯伦辞职
1940 年 5 月 10 日
英国伦敦

希特勒发动入侵法国的当天，内维尔·张伯伦辞去英国首相一职。长期宣扬绥靖政策与"和平年代"好处的张伯伦，对英国军队在挪威的糟糕表现感到压力陡增，十分沮丧，认为自己到了下台的时候，让新领导人带领英国继续前进。接替人选有哈利法克斯勋爵和温斯顿·丘吉尔。张伯伦继续担任枢密院院长，但由于健康原因于 1940 年 10 月辞职，一个月后便撒手人寰。在欧洲，当德国伞兵团准备在荷兰和比利时空降，装甲车在阿登地区横行之时，英国、法国和比利时的军队陷入混乱。

★ 古德里安的装甲军成功突破
5月13日
法国色当

★ 丘吉尔讲话
1940年5月13日
英国伦敦

国防军向西挺进法国之际,英国政坛正跌宕起伏,战时内阁四分五裂。新任首相丘吉尔认为,英国应当奋起抗击纳粹,而哈利法克斯勋爵却相信,与希特勒达成和解是唯一选项。5月13日,丘吉尔在下院发表了一场著名演讲。"除了热血、辛劳、眼泪和汗水,我无可奉献,"他说,"我们所面临的将是一场极其严酷的考验,将是旷日持久的斗争和苦难。如果你们问我'我们的对策是什么?'我的回答是:'我们要全力以赴,用上帝赋予我们的一切力量,发起海陆空全方位战争,向暴政宣战。'"

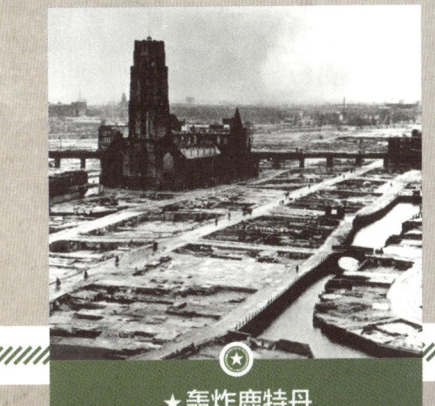

★ 轰炸鹿特丹
1940年5月14日
荷兰鹿特丹

自1939年9月宣战以来,荷兰虽然一直保持中立,但背信弃义的希特勒却命令伞兵团先于主力集团军群进入荷兰。他还策动了对该国最大城市之一鹿特丹的轰炸,空袭把这座城市夷为平地,1000名平民丧生。强烈的爆炸震惊了荷兰人,100多吨炸弹落进这座城市,摧毁了鹿特丹的中世纪老城。由于担心其他城市也会遭遇同样厄运,荷兰政府于次日投降。荷兰王室和政府逃往英国,在那里组建了流亡政府,而荷兰则落入德军之手,直到战争结束。

★ 比利时人炸毁默兹河上的桥梁
5月12日
比利时列日

> "法国军队和英国部署到欧洲的远征军(BEF),都对即将向他们发起的闪电战毫无准备。"

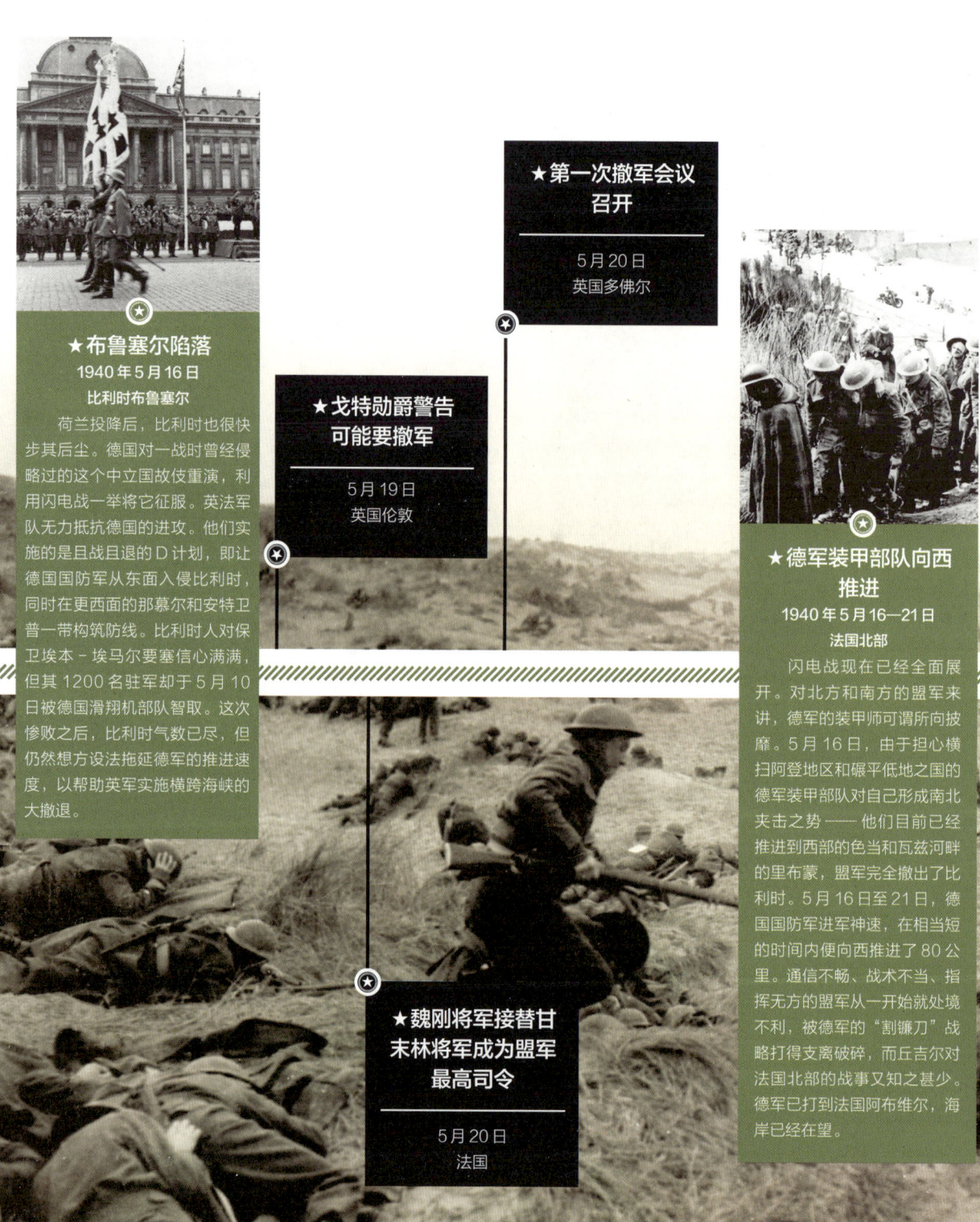

★ 布鲁塞尔陷落

1940年5月16日

比利时布鲁塞尔

荷兰投降后，比利时也很快步其后尘。德国对一战时曾经侵略过的这个中立国故伎重演，利用闪电战一举将它征服。英法军队无力抵抗德国的进攻。他们实施的是且战且退的D计划，即让德国国防军从东面入侵比利时，同时在更西面的那慕尔和安特卫普一带构筑防线。比利时人对保卫埃本－埃马尔要塞信心满满，但其1200名驻军却于5月10日被德国滑翔机部队智取。这次惨败之后，比利时气数已尽，但仍然想方设法拖延德军的推进速度，以帮助英军实施横跨海峡的大撤退。

★ 戈特勋爵警告可能要撤军

5月19日

英国伦敦

★ 第一次撤军会议召开

5月20日

英国多佛尔

★ 魏刚将军接替甘末林将军成为盟军最高司令

5月20日

法国

★ 德军装甲部队向西推进

1940年5月16—21日

法国北部

闪电战现在已经全面展开。对北方和南方的盟军来讲，德军的装甲师可谓所向披靡。5月16日，由于担心横扫阿登地区和碾平低地之国的德军装甲部队对自己形成南北夹击之势——他们目前已经推进到西部的色当和瓦兹河畔的里布蒙，盟军完全撤出了比利时。5月16日至21日，德国国防军进军神速，在相当短的时间内便向西推进了80公里。通信不畅、战术不当、指挥无方的盟军从一开始就处境不利，被德军的"割镰刀"战略打得支离破碎，而丘吉尔对法国北部的战事又知之甚少。德军已打到法国阿布维尔，海岸已经在望。

★ 停止前进命令
1940年5月23日
法国北部

击退德军的希望虽然渺茫但也曾存在，5月21日在阿拉斯的反击就取得了一些进展，但还是遭到了坚决的还击。5月22日，当德军渡过索姆河时，装甲部队继续挺进法国。随着德军坦克推进到海岸，英国远征军和法军控制的地盘日益萎缩。5月23日，当A集团军群的前进停止时，盟军获得了3天极为宝贵的喘息机会。指挥官格德·冯·伦德施泰特确信德军的装甲部队消耗过大，于是向希特勒发出了停止前进的请求。经希特勒批准，装甲部队停下来进行休整。目前还不十分清楚如此休整是真的不可或缺，还是德国方面过于自信，总之，英法两军对这样的喘息机会求之不得。

★ 攻克布洛涅港
1940年5月24—25日
法国布洛涅

随着德军重新挥师直插海岸，法国布洛涅港落入德军之手。城外激烈的战斗持续了3天，但最终还是让德军占了上风。英国远征军余部全线后撤到唯一可供撤退的敦刻尔克港。背水一战的他们拥挤在海岸上，除了渡海撤回英国，无路可逃。英国人匆匆来到敦刻尔克，在城市周围进行布防。英国远征军指挥官戈特勋爵没有服从南下增援法军的命令，而是决定加强北部防御，以确保代号为"发电机行动"的大撤退顺利实施。

★ 比利时国王利奥波德下令军队投降，西线只剩下英法两军在苦苦支撑
5月26日
比利时

★ "发电机行动"
1940年5月26日
法国敦刻尔克

"发电机行动"于晚6时57分正式开始。海军中将伯伦·拉姆齐在多佛尔白崖深处的掩体中部署了由1000艘船只组成的船队。海军部竭尽全力征用了各种各样的军用和民用船只，从驱逐舰到豪华游艇，不胜枚举，全都派作渡海之用。来自南部海岸的平民水手们在肯特郡的希尔内斯造船厂会合，然后赶往法国，帮助救援岌岌可危的英国远征军，"小船"传奇由此诞生。最初的目标是运送45000人回到英国，第一天晚间撤离了近8000人。

★ 英国远征军和法军在阿拉斯进行反击
5月21日
法国阿拉斯

★ 敦刻尔克遭到德国空军轰炸
5月24日
法国敦刻尔克

★ 15名法国陆军将领被解职
5月25日
法国

★ 东防波堤首次
用作撤离点

5月27日
法国敦刻尔克

★ "清醒号"驱逐
舰沉没英吉利海峡

5月29日

★ 入侵加来
1940年5月27日
法国加来

加来在闪电战中沦陷后，德军开始向敦刻尔克逼近。4000名英法士兵在这个港口顽强抵抗了3天，而德军人数是他们的3倍。寡不敌众的英法联军虽然最后败北，但却为仓促撤退的英国远征军主力赢得了弥足珍贵的时间。随着越来越多的人挤上海滩，敦刻尔克外围防线在不断收紧。敦刻尔克本身也并非安然无恙，因为德国空军和炮兵部队对城市不断轰炸，德军机枪不时向海滩扫射。英国皇家空军虽然在尽力扫除来自空中的威胁，但还是无法阻止德军斯图卡俯冲轰炸机和梅塞施密特战斗机向没有保护的士兵空投炸弹。英国要求全体平民提供一切可能的船只来支援"发电机行动"。

★ 海滩撤离
1940年5月28—30日
法国敦刻尔克

到5月28日，2.5万人已经踏上归英之旅。由于德国空军的轰炸，敦刻尔克港已经停止作业，因此，士兵们现在被迫从海滩涉水入海，先到达较小的摆渡船只，然后再由这些船只将他们送到皇家海军驱逐舰上。驱逐舰能锚泊的唯一海域是位于敦刻尔克港入口处的东防波堤，许多人从这里逃出生天。在与法国将军布朗夏尔会晤后，戈特解释说，英国远征军的撤退已经开始。布朗夏尔对这个想法嗤之以鼻，拒绝撤回到英国人布设的防线上。回到英国后，士兵们潮水般涌入多佛尔，乘坐火车向内陆开拔。船只在多佛尔港加油后，迅速返回，继续执行撤军任务。

★ 撤退行动继续
1940年5月31日
法国敦刻尔克

英国远征军司令戈特勋爵于5月31日撤离。最初只有英国远征军被允许乘船离开，但后来比利时和法国士兵也被接纳了。至此已有19万人安全撤退。敦刻尔克奇迹正处在巅峰状态，但许多人都是灰心丧气地返回家园，他们的士气已经被似乎势不可当的德军所击垮。与此同时，德国人已经在制订攻占巴黎的计划。对敦刻尔克的攻击现在完全是从空中进行的，因为戈林确信，只需他所指挥的空军就足以打击盟军。希特勒也不愿再冒险让更多的陆战部队参战，因为他相信，英国很快就会坐到谈判桌前来。

★ 第一批商船和
海军人员抵达
敦刻尔克

5月26日
法国敦刻尔克

★ 比利时无条件
投降

5月28日
比利时

★ 四艘驱逐舰沉没

6月1日
英吉利海峡

★ 夜间撤军

1940年6月1日
法国敦刻尔克

随着德国空军白天的威胁日益增大，"发电机行动"现在被迫在夜间进行。英国皇家空军在行动中击落了100架德国空军飞机，但未能阻止其多点攻击。海滩上的人无法抵御空中打击，但由于恶劣的天气妨碍了德军飞机起飞，加之戈林未能组织起有效的致命一击，他们才得以逃过一劫。希特勒命令地面部队再次前进，但这次他们遇到了更为顽强的抵抗，只好再次把这一重任交由德国空军来完成。

★ 亚历山大将军指挥撤退

5月31日
英国伦敦

★ 敦刻尔克大火

1940年6月2日
法国敦刻尔克

在整个撤退过程中，火焰映红了敦刻尔克市中心的天空，因为德国空军连续不断地投弹轰炸，企图击败盟军防御部队。由于所有士兵都在忙着拼死战斗或者上船撤离，所以没人去扑灭全城肆虐的大火。即使撤退人员到了船上也不安全，因为斯图卡俯冲轰炸机会用机枪扫射甲板。希特勒不愿意动用地面部队以及对空军的过分信任，意味着盟军能够在敦刻尔克以北的比利时边境上占据5公里纵深的防御区。

★ 最后一晚撤退

1940年6月3日
法国敦刻尔克

共有338226名英国、法国、比利时、波兰和加拿大军人自敦刻尔克撤离。遗憾的是，217艘船只没能返回英国，其中161艘是"小船"。战场归来的士兵们受到了热烈欢迎，但他们却感到厌倦和震惊，因为不得不如此快地撤退，而且损失了那么多人。英国报纸宣称撤退是"一个奇迹"，但许多人对这一投降之举感到沮丧，尽管撤退保存了有生力量，却不善一场惨败。即便如此，成功大撤退还是坚定了许多人继续打击希特勒和纳粹主义的信心。

★ 最后一批英军于午夜离开

6月2日
法国敦刻尔克

★ 最后一批船只拯救了许多法军余部

6月3日
法国敦刻尔克

★ 温斯顿·丘吉尔再度发声
1940年6月4日
英国伦敦

鉴于大撤退业已完成，丘吉尔就上个月发生的事件向下院发表讲话。他将撤退形容为"救援奇迹"。尽管他把撤军说得仿佛是一场胜利，但仍然把这次退却和军事装备损失称作一场灾难。在结束35分钟的演讲时，丘吉尔警告说，德国正在入侵英国的路上，他号召继续保卫国家。他提醒议会和全国人民，英国在历史上曾经打败过拿破仑；他发出了振奋人心的最强音："我们将战斗到底。我们将在法国作战，我们将在海上作战，我们将在空中以日益增长的信心和实力作战。我们要保卫我们的岛屿，无论付出什么样的代价。我们将在海滩战斗，我们将在登陆场战斗，我们将在田野和街道上战斗，我们将在山岳上战斗。我们决不投降。"

★ 4万名法国士兵被俘

6月4日
法国敦刻尔克

★ 德军占领敦刻尔克
1940年6月4日
法国敦刻尔克

随着最后一批小船离开，"发电机行动"于上午10时30分结束。德军不久便开进敦刻尔克。他们发现海滩上散落着尸体，还有大量撤退部队没能带走的装备、坦克、重机枪、摩托车，什么都有，英军根本无法将它们从岸边运到船上。共有68111名英国远征军没能弃岸登船，他们要么被杀，要么被俘。此外，盟军还损失了50万吨弹药和63879辆汽车。

★ 巴黎遭到空袭

6月3日
法国巴黎

> "6月22日,法国在1918年德国投降时使用的同一节铁路车厢内正式投降。"

★ 其他撤离行动
1940年6月19日
法国各港口

敦刻尔克奇迹并非孤立事件。自敦刻尔克往南,许多船只纷纷离开法国港口,驶往英国避险。沿着欧洲海岸直到西班牙边境的各个港口,全都是大规模撤离的景象。6月19日,19万名法国和波兰士兵搭乘波兰船只从巴约讷撤离。在"羚羊行动"中,圣纳泽尔、拉帕利斯、圣让-德吕兹和吉伦特也被用作撤军点。当天下午5时,瑟堡在炮击中屈服。等德军抵达布雷斯特时,发现该港已被盟军摧毁。

★ 进军巴黎
1940年6月5日
法国北部

随着英国远征军安全撤回英国,希特勒对法国虎视眈眈,肆无忌惮。法国政府担心巴黎毁于一旦,重蹈鹿特丹和华沙的覆辙,于是宣布巴黎为开放城市,以拯救城市建筑。200万巴黎人逃离首都。6月10日,法国政府迁往巴黎西南240公里处的图尔。戴高乐前往英国成立了流亡政府,招募在英国和仍在法国的法军士兵,以期东山再起。

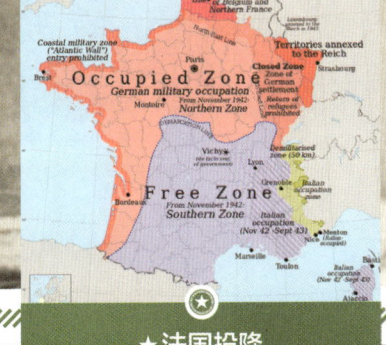

★ 法国投降
1940年6月22日
巴黎/凡尔赛

闪电战爆发仅一个月后,6月12日,法国政府宣布巴黎为开放城市。6月22日,法国在1918年德国投降时使用的同一节铁路车厢内正式投降。对希特勒而言,这是一场胜利的宣传战;对盟军来讲,一个多月的晦气和耻辱总算告一段落。一天后,希特勒来到巴黎观光。战败的法国政府迁至维希,成为战争期间德国的傀儡政权,而法国抵抗力量的战斗仍在继续。直到1944年夏,法军才重返法国。

撤退起因

- 16 备战德国侵略
- 23 关键人物：**海因茨·古德里安**
- 30 致命计划
- 38 灾难降临法国
- 43 且战且退敦刻尔克
- 51 关键人物：**约翰·维里克**（戈特勋爵）

备战德国侵略

英国远征军充分利用德军进攻前的间隙，
全力以赴抓紧训练、演习。

威廉·E. 威尔士/文

▲ 英国远征军乘船前往法国。他们将被部署在法国-比利时边境

> "美国人创造出了'虚假战争'这个词，来形容在这8个月的时段里，双方在欧洲大陆上没有什么重大军事行动。"

1939年9月，当德军的弹雨向华沙倾泻时，英国远征军开始在南安普敦和布里斯托尔登上运兵船，向诺曼底的深水港开拔。6个月以前，英法两国领导人曾经许下诺言：一旦波兰遭到纳粹德国的袭击，他们将伸出救援之手。在过去的3年时间里，纳粹德国兵不血刃地吞并了莱茵兰、奥地利和捷克斯洛伐克，而这一次，情况却大相径庭——德国的闪电战杀害了数以千计的波兰人。

波兰人急需英法两国兑现他们的承诺，在西欧开辟第二战场。法国人答应在德国入侵波兰后13天之内进攻德国齐格菲防线，而英国人则誓言轰炸德国。

9月1日，在德军越过波兰边境两天之后，英法参战。尽管实际上伦敦和巴黎无意信守诺言，但两国政府还是对德进行了宣战。他们曾经扬言诉诸武力以威胁德国领导人阿道夫·希特勒取消侵略计划，但那不过是虚张声势而已。

13天后，法国人并未发起攻击，波兰人极度震惊，深深地感到自己被背叛了。9月27日，波兰向德国投降。纳粹仅用4周时间便征服了波兰。

1939年3月，当英国发誓援助波兰时，才刚刚开始备战。在英国远征军组建伊始，英法两国既没有制订防御计划，也没有拟订进攻策略。然而，英国政府立即开始向法国派遣部队。1939年9月3日，第一艘搭载着英国正规部队的大型运兵船开始作业。

英国国防部任命53岁的将军戈特勋爵（Lord Gort）为英国远征军总司令。虽然戈特勋爵缺少有些德国将领身上的那种风采，但他在战火中的英勇气概却毋庸置疑。就在德军旋风般入侵波兰后进行休整之际，英国稳步推进着在法国的远征军组建工作，以备预料之中的德国侵略。

美国人创造了"虚假战争"（Phoney War）这个词，来形容在这8个月的时段里，双方在欧洲大陆上没有什么重大军事行动，尽管英国和德国在挪威和公海上发生过冲突。此间，英国人聚精会神地在更新装备，训练部队。

▲ 1939年11月，法国英国远征军司令部。戈特勋爵（左）和亨利·波纳尔中将在地图上研究部队部署

全力备战

在"虚假战争"期间,英国千方百计地试图缩小与希特勒高科技战争机器之间的现代化差距。英国的工厂开始全速生产现代坦克、反坦克武器和飞机,但做起来并非那样简单。

英军的每个步兵旅都有一个反坦克排。这些反坦克排在部署的时候,恰恰缺乏能一招制敌的反坦克武器,无法击毁能够轻而易举碾压波兰军队的德军坦克。英军所需要的是更多像QF2磅IX型速射炮那样的可牵引反坦克武器,而不是普遍列装的"小男孩"反坦克枪。英国远征军装甲部队也有同样的缺陷。英国I型和VI型轻型坦克装备有一挺0.303英寸口径的机枪,而英军急需装有2磅(40毫米)火炮的坦克。起初,戈特拒绝在法国部署第1装甲师,直到更多的轻型坦克被装有2磅火炮的(玛蒂尔达)II型中型坦克所替换。最终,戈特同意部署,第1装甲师的两个旅在德军进攻前及时抵达了勒阿弗尔(Le Havre):一个坦克旅装备有0.303英寸和0.55英寸口径机枪的VI型轻型坦克,另外一个坦克旅装备有带2磅火炮的玛蒂尔达II型坦克。

10月12日,英国远征军的5个师部署到里尔以东的法国-比利时边界,旋即展开野外演习和装备训练。法国在阿尔萨斯和洛林东部边界法德边境上构筑的马其诺防线,旨在防止德国越境进行闪电战袭击。虽然人们对其推崇备至,但它却只延伸到了比利时边境。

两军都急切地期待着新的坦克和飞机的到来。虽然英法两国的战争机器已经运转起来,但新坦克和飞机的大量制造仍需时日,才能和德军旗鼓相当。

备战项目

因为法国和比利时系友好国家,法方认为,加强两国共有边境的防御不咎无礼之举。可是,倘若德国像第一次世界大战那样,再次蓄意冒犯比利时的中立地位,巩固盟军战线北端的军事力量亦属理所当然。出于这个原因,英国远征军开始全力构筑里尔周围的工事。

训练余暇,英军花费大量时间构筑水泥掩体、反坦克壕和铁蒺藜网。他们还为前沿部署的英军战斗机修筑了简易跑道。因为需要大量兵源,国防部开始征召本土守备师加入已经部署到位的正规步兵师。英国国土守备部队在整个冬季陆续抵达法国。由于兵力不足,武器匮乏,三个守备师被安排负责后勤通信任务。这意味着他们要为战斗部队提供各种保障和辅助服务。

到1940年3月,英国远征军有5个正规师和8个本土守备步兵师。在法国的39.4万名英国士兵中,23.7万属于随时准备投入战斗的前线部队。与之形成对比的是,法国参战人员250万,编成了97个师。然而,英军的军事能力弥补了他们人数上的不足。

1939年,英法两国的参战态度游移不定,这与25年前两国参加第一次世界大战时的群情激昂相去甚远。就法国而言,这种萎靡不振传导给了法军。与英军不同的是,他们不想去进行常规的军事训练和演习,反倒是在"虚假战争"期间,似乎更愿意坐等德军来袭;而与此同时,英军则是在紧锣密鼓地进行演练。例如,英国远征军进行了行军训练,以便一旦开战,他们能够快速、精准地前进或撤退。

在"虚假战争"初期,联军成立了最高战时委员会,来协调英法两军之间的联合计划和策略。随着"虚假战争"的持续,高层指挥官们自欺欺人地认为,希特勒会给他们留足时间去

马其诺防线上的危险任务

英国远征军在马其诺防线上换防,以此获得宝贵的战斗经验

▲ 1939年11月,第51高地师的士兵穿过吊桥,进入马其诺线上的圣海恩堡(Fort de Sainghain)

在1940年5月10日德国进攻之前的8个月时间里,部分派往法国的英国远征军参与了实战。虽然等待德国进攻的大多数英国士兵没有迫在眉睫的危险,但对于那些在马其诺防线上轮换驻防的部队来说,情况就不一样了。

1939年11月,戈特勋爵下达命令,要求每一个英国旅都在马其诺防线上与法国人并肩作战一小段时间,以获得战斗经验。在几乎平行的马其诺防线和德国齐格菲防线的中间地带,法国人已经逃离了家园,这使得法国境内的这一狭长地带成了危险的无人区。盟军和德军巡逻队经常在这里发生冲突。

在马其诺防线上,每隔一段距离法国人都建有要塞,军队会在要塞之间巡逻以防军事渗透。在马其诺防线上服役的英国部队昼夜都要进行定时侦察巡逻。

4月22日,戈特将整个英国第51步兵师(高地步兵师)调入法国第三集团军,以增援该地区防御。高地师被部署在蒂翁维尔(Thionville)以东32公里的马其诺防线北端,靠近齐格菲防线。随着德国西线入侵时间日益临近,威廉·里特·冯·里布上将的C集团军群驻防齐格菲防线。他加强了对高地师的骚扰,以欺骗盟军相信德军对马其诺防线的进攻已迫在眉睫。

在此期间,战斗扩大到营级遭遇战。例如,5月7日,德军在贝廷(Betting)村包围了皇家高地团的第4营。第4营险些被有炮兵火力支援的德军步兵歼灭,但在紧急关头被援军解救。

备战。法军总司令莫里斯·甘末林将军天真地相信,他们在1941或1942年实现军队现代化之前,西线的大规模战役完全可以避免。他甚至希望战争能从根本上避免。甘末林认为,英军的海上封锁,能最终迫使德国人推翻希特勒的统治。

英法两国的非军方领导人则幻想那些不切实际的战争计划会无果而终。法国竭力避免在自己领土上点燃西线战役。他们主张在斯堪的纳维亚半岛采取攻势,以防德国从瑞典获得铁矿石;同时对苏联高加索地区的油田进行战略轰炸,因为德国石油的90%都是从那里进口的。

两国的政治家和将军们没有意识到,缺乏明晰的打败德国的作战计划,无助于提振公众的士气。许多英法百姓认为,当军队尚未准备好应对全面冲突的时候,对德宣战是不明智之举。

对法军备战的疑虑

法军士兵多数是新近应征入伍和预备役人员,法军的消极状况使他们士气低迷,他们纪律

涣散的行为令英军官兵震惊。打败德军对法军来讲任重道远,英军士兵对此心存疑虑。法国将军对这支新军的行为并没有试图加以整肃。"我从未见过如此军容不整的部队",法国第九集团军英军第2军司令艾伦·布鲁克(Alan Brooke)如是说。

在1940年5月德军进攻之前的那8个月时间里,英国远征军在很多方面充分利用了时间。等到德军终于打来时,英军已经构筑了59处机场、400个掩体、64公里长的反坦克壕和数百公里长的铁路线。

1940年4月9日,德国入侵丹麦和挪威。虽然联军进行了军事干预,但大势已去,无法逆转。英军的无能为力导致5月10日张伯伦首相的辞职,由海军大臣温斯顿·丘吉尔接任。同日,德军在西线发起全面进攻。

▲ "虚假战争"的僵局使得诸如皇家轻骑兵坦克部队的英军有时间来完成训练

▲ 风驰电掣、刚愎自用、喜欢争吵的古德里安让人难以忘怀

关键人物

海因茨·古德里安

古德里安的快速装甲部队直插海岸，令他的上司和盟军感到震惊。

如果用一个词来贴切地概括海因茨·古德里安的特点的话，那么这个词就是"风驰电掣"。他认真研究过世界各地的机械化装甲作战理论，开创了一种全新的进攻战术，使他荣膺"装甲师之父"和"闪电战之父"等各种称号。然后，他狼戾不仁地将自己的想法付诸实战，成为一名在波兰、西欧和苏联等二战战场上毫不留情的指挥官。

1888年6月17日，海因茨·威廉·古德里安出生在旧德意志帝国的库尔姆（Kulm，现波兰海乌姆诺）。作为军官的儿子，他1901年进入一所军事学校，1908年从梅茨军事学院毕业。他被提升为中尉，接受了通信兵训练。第一次世界大战伊始，承担通信工作和参谋任务的他，有机会了解战略计划和大规模作战行动。虽然他并不在前线直接参战，但当阵地受到攻击时，他目睹了军事行动的展开，并因出色的防守获得过一级和二级铁十字勋章。

古德里安刚愎自用且喜欢争吵，经常与上司发生冲突——这是他军旅生涯中的老毛病——尽管人们依旧认为他前程远大。一战结束时，他已经是一名上尉；然而，和部队中的其他一些人一样，他对

1940年5月14日
在古德里安的第19军突破色当防御后，法军元气大伤，一蹶不振，指挥官已无力集结军队发动反攻。相比之下，德国装甲军的指挥官却胆大妄为，人们称其为"神速海因茨"。

国家决定投降感到强烈不满，认为本应该继续战斗下去。

战后，德国国防军里只允许保留4000名军官，而古德里安便是其中之一。不过，在战后的几年里，德国局势动荡不安，各种政治派系争权夺利。作为激烈的反共分子，古德里安和自由军团（Freikorps）一起与布尔什维克作对，因为革命者威胁要在欧洲散播他们的意识形态。

最终，古德里安加入了部队局（Truppenamt），即部队办公室。它实际上是军队的总参谋部，尽管这样的机构为《凡尔赛条约》所禁止。1927年，新晋升少校的古德里安转到部队局，负责部队运输和机械化战术，这一角色使他成为德国装甲部队发展的核心。

他广泛研究、汲取了英法机动作战理论家的思想，比方说富勒和当时名不见经传的戴高乐，并将这些成果融会贯通为自己的东西。他提出了这样一个理念，即在机械化步兵和装甲部队的后援下，用坦克先头部队强行突破敌军防线，并对防线加以迅速利用，形成持续的快速推进——这就是闪电战的精髓所在。

此后，随着古德里安的理论不断完善，并陆续发表了一些关于机械化战争的论文，他的军衔也得到进一步晋升。自然而然地，他引起了阿道夫·希特勒的注意。这个德国总理无视《凡尔赛条约》关于重新建军的限制，组建了3个装甲师，并把第2装甲师交由古德里安指挥。1936年，古德里安升至少将，一年后，他出版了自己最重要的著作《注意！坦克！》。在这本书中，他的机械化作战思想已经完全形成，其中包括空军支援地面进攻的战术，以及攻击部队之间无线电通信的重要性。

此时的古德里安如日中天。他被任命为装甲部队总监，这意味着他全权负责招募、组织和训练机械化部队和装甲部队，为第二次世界大战做准备。当德国入侵波兰时，装甲兵第19军归古德

▲ 1939年9月，古德里安指挥的装甲部队在波兰境内

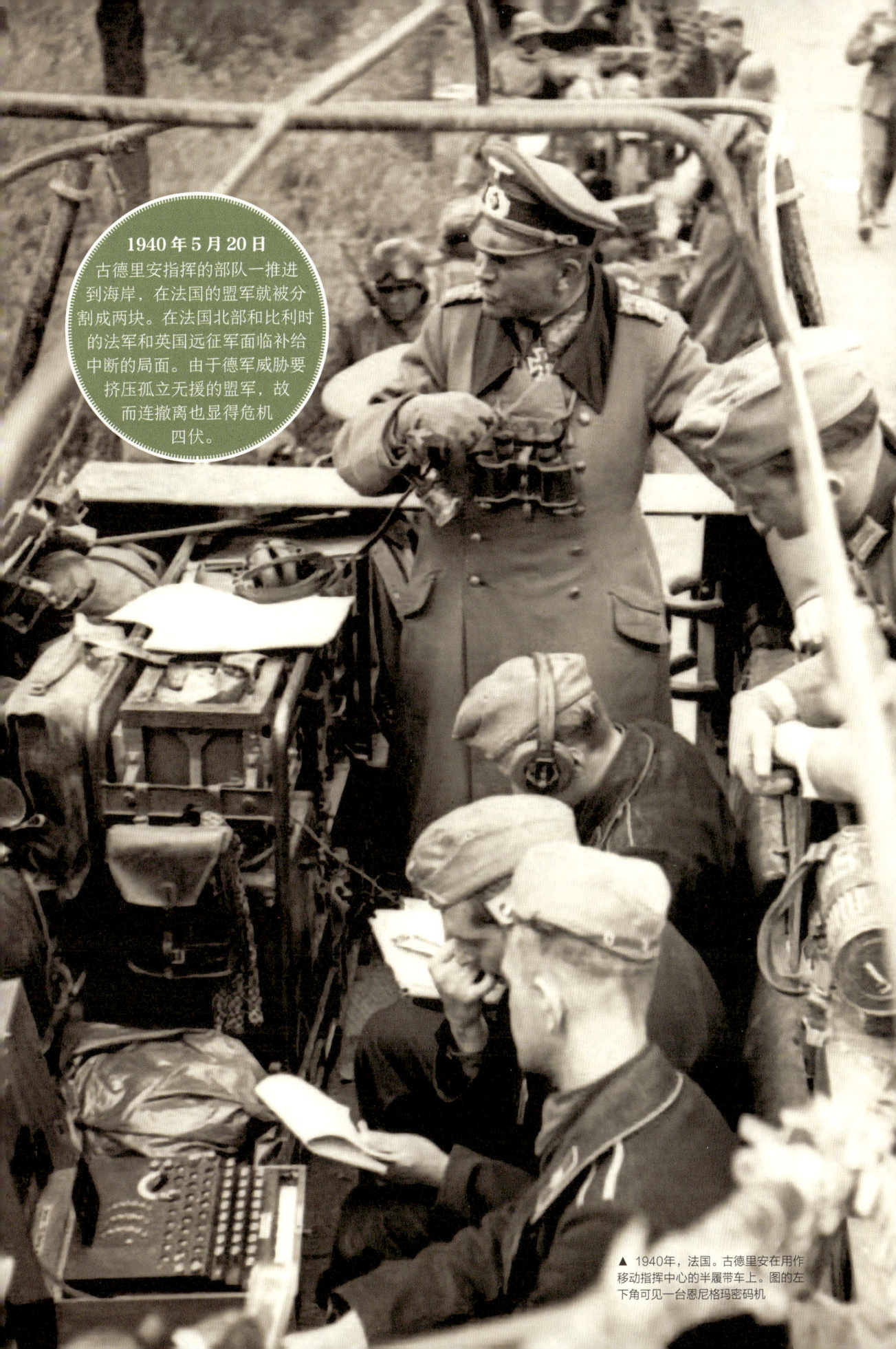

1940年5月20日
古德里安指挥的部队一推进到海岸,在法国的盟军就被分割成两块。在法国北部和比利时的法军和英国远征军面临补给中断的局面。由于德军威胁要挤压孤立无援的盟军,故而连撤离也显得危机四伏。

▲ 1940年,法国。古德里安在用作移动指挥中心的半履带车上。图的左下角可见一台恩尼格玛密码机

▲ 1940年5月，法国。坐在"通信坦克车"（Funkpanzerwagen）中古德里安与阿道夫·孔岑将军在交谈

里安指挥。他把理论付诸毁灭性的实践，率部直插波兰领土的最深处。

然而，正是在德军向西发动对荷兰、比利时和法国的袭击时，闪电战才发挥出了最有效和最具破坏性的作用。闪击于1940年5月10日开始。包括英国远征军在内的盟军向比利时挺进，以应对德国B集团军群的入侵威胁。在更远的南方，C集团军群向法国马其诺防线突进。不过，包括古德里安指挥的装甲兵第19军的A集团军群发动的袭击最为惊人，他们像鬼影一般突破了号称固若金汤的阿登森林地带。

这项计划一举成功的关键，是迅速渡过默兹河。古德里安应允4天内抵达色当，但实际上只用了3天时间。鉴于这一地区遭到袭击的可能性不大，因此防御极为空虚。虽然法军组织起了一些抵抗，但在德军的空地协同作战、持续的火炮和坦克支援面前，根本无法抗衡。步兵和专业工程师顺利过河，为装甲部队建造了浮桥。随着色当的失守，盟军防线被分割瓦解。

法国内地就在古德里安的面前。他以摧枯拉朽之势迅速推进，滚滚车轮碾碎了盟军大后方，直向海岸逼去。具有讽刺意味的是，德军先头部队在蒙科尔内（Montcornet）遭遇了戴高乐第4装甲师的抵抗，但曾是古德里安研究对象的戴高乐此时的反击却显得孤掌难鸣。

这种冲锋不仅震撼了盟军，也令古德里安的上司感到困扰。他们担心，推进得过远、过快，前线坦克部队的补给线就会拉得过长，纵队两翼就会成为攻击的软肋。5月16日，指挥A集团军群的冯·伦德施泰特将军下令停止前进。古德里

1940 年 5 月 24 日
虽说有希特勒的支持，但格德·冯·伦德施泰特将军是停止前进命令的始作俑者。他想让步兵赶上"快速部队"。然而，倘若允许古德里安突袭敦刻尔克，那么大撤退的后果会不堪设想。

> "法国内地就在古德里安的面前。他以摧枯拉朽之势迅速推进，滚滚车轮碾碎了盟军大后方，直向海岸逼去。"

安的顶头上司克莱斯特将军找到他，指示他服从命令。古德里安以其典型的任性方式威胁辞职，然后信心满满地继续前进。突破阿尔贝、亚眠和阿布维尔的抵抗后，他的部队于5月20日抵达努瓦耶勒（Noyelles）海岸。南北方盟军被拦腰斩断。

随后，古德里安沿着英吉利海峡海岸线横扫。5月24日，他已经逼近格拉夫林（Gravelines），距离敦刻尔克只有16公里。这时，他又接到了停止前进的命令，这一次很难不予理睬，因为命令是由希特勒亲自下达的。

装甲部队两天停滞不前。这是盟军在敦刻尔克周围加强防御以掩护"发电机行动"的关键时期。当继续前进的命令下达时，对撤退盟军进行最后攻击的任务交由德国空军来完成，装甲部队则被调到南方去攻陷巴黎，直至最终征服法国。1940年6月22日，法国与德国签署了停战协定。

1941年，随着希特勒入侵苏联，开辟第二条战线，再获晋升的古德里安上将被派往东线，指挥第二集团军作战。"巴巴罗萨行动"再次动用闪电战战术，对红军造成了毁灭性打击。正当古德里安准备迅速向莫斯科推进时，希特勒再次进行干预，派他去攻打基辅。他不同意，企图抗命不遵，但最后还是服从了。这意味着坐失良机的德军直到秋季结束才能迫近莫斯科。令人敬畏的红军的顽强抵抗和滴水成冰的冬天，使德军的推进陷于停顿。面对苏联的反击，古德里安实施了战略撤退，明显违背了希特勒的意愿。这是极其出格的挑衅行为，使他年底前被解除职务成了

▲ 1941年，在东线战场的古德里安

顺理成章的事情。

1943年春，作为某种形式的补救，希特勒召回古德里安，任命其为装甲部队总监。在这个职位上，古德里安大幅提高了德国坦克的生产效率和产量，恢复了装甲部队丧失的部分战斗力。

1944年7月，就在希特勒遇刺的第二天，古德里安荣升陆军参谋长。尽管这表明他已经重新获得了元首希特勒的信任，但1945年3月，古德里安再次与他发生争执，被送去休"长期病假"，实际上这是最后一次对他的革职。1945年5月10日，也就是闪击荷兰、比利时和法国的5年后，这个被许多人视为"闪电战之父"的人向美军投降。在调查他的战争罪行期间，古德里安作为战俘被关押了3年，后来获释，法庭没有对他提出指控。他于1954年过世，卒年65岁。

标志性时刻

当地面机械化部队以横扫千军之势攻城略地,快速向前推进时,海因茨·古德里安将军的眼神里充满了父爱般的深情。轻型装甲师是德军成功击溃法英军队的关键。

致命计划

尽管英军巧妙地向代勒河推进，但德军的装甲部队还是越过默兹河插入盟军后方。

威廉·E. 威尔士/文

"1939年9月，第三帝国旋风般征服波兰后，德国领导人希特勒图谋用类似的战术闪击法国。"

▼ 在A集团军群推进至阿登地区时，海因茨·古德里安将军的装甲部队在色当附近的默兹河上通过浮桥

▲ 1940年5月，一支英国机械化纵队在代勒河畔废弃的洛伊滕（Leuthen）街道上隆隆向前。这是英国远征军遏制德军进攻行动的一部分

"对伦德施泰特集团军群的7个装甲师来说，最具挑战性的任务是横渡默兹河。"

1940年5月10日下午，英国第12皇家枪骑兵团的士兵爬上装甲侦察车，一路咆哮着开进比利时，紧随其后的是枪骑兵团的装甲车和轻型坦克。这支快速行动部队的任务，是尽快驱车110公里到达代勒河，并在代勒河西岸坚守阵地，直到戈特勋爵的英国远征军步兵旅赶来接替他们。

虽然比利时人不允许法英联军进入他们的国家来共同防御德军，以避免激怒侵略者或授人以柄、贻人口实；但盟军还是制订了详尽的作战计划，一旦比利时人请求支援，他们便可拔刀相助。

法军和英军总参谋部制订了两套比利时防御战方案。"埃斯考特方案"计划盟军向斯凯尔特河（Scheldt River，亦称埃斯考特河）挺进，守卫法比边境至安特卫普一线；"代勒方案"计划盟军深入比利时，在代勒河畔设防。法军总司令甘末林随后推出了"布雷达变体"（Breda Variant）方案，将法国第七集团军部署在盟军最左翼，以便控制斯凯尔特河河口，保障补给线的安全。

由于他们认为德国人不太可能进攻戒备森严的、从法瑞边境延伸到法国隆吉永（Longuyon）的马其诺防线，盟军推测德国人会染指并假道中立的比利时来侵入法国。甘末林希望尽可能久地在比利时的土地上作战，他命令盟军在德军入侵的当天就实施"代勒方案"的"布雷达变体"计划。

1939年9月，第三帝国旋风般征服波兰后，德国领导人希特勒图谋用类似的战术闪击法国。闪电战是一种由机械化部队以闪电般的速度推进，空军密切协同支援，以期速战速决的进攻战术。当德军终于在西线发动了人们等待已久的闪电战时，比利时人马上为他们60万之众的军队寻求增援，盟军则立即出手相助。

黄色方案

波兰战役一结束，希特勒就责成德国陆军最高司令部制订代号为"黄色方案"的计划，旨在迅速征服荷兰和法国。1940年，德军总参谋部向希特勒提交了一份非常缺乏想象力的作战计划，其中安排费多尔·冯·博克上将的B集团军群经由比利时北部进入法国东北部发动主攻，格德·冯·伦德施泰特上将的A集团军群通过比利时南部森林覆盖的阿登地区和卢森堡，向法国东北部发动策应攻击。德军总参谋长弗里茨·哈尔德非常不赞成既定的进攻时间，他敦促希特勒将进攻推迟到1940年春，这样德军就有时间轮换在波兰战役中损失的人员和装备。

伦德施泰特与他的参谋长埃里希·冯·曼施坦因中将商议了这个计划。曼施坦因认为，这个计划注定要失败，因为盟军预料到德军会通过比利时发动攻击，并会相应派出他们的主力部队进行阻击。曼施坦因相信，A集团军群通过阿登地区发动主攻，而B集团军群发动助攻，把盟军主力引入比利时，并在那里将他们分割围歼，这样的计划会更好。

德国情报部门清楚，与比利时阿登地区相邻的法国边境一线由弱小的法国第二集团军（由二流部队组成）防御。曼施坦因认为，按照他的计划，德军能够切断在比利时盟军的退路并加以消灭。德军总参谋部从一开始就没有采纳这一计划。

尽管黄色方案出笼后不久曼施坦因便提出了自己的计划，但直到2月17日他才有机会向希特勒当面汇报。希特勒立刻意识到，曼施坦因制订了一个激动人心、近乎完美的击败盟军的作战计划。曼施坦因的最终计划是，将45个师编入A集团军群，将29个师编入B集团军群，威廉·里特·冯·里布上将的C集团军群则包括17个师。

▲ 德国大军压境，携带财物逃难的比利时人和英军不期而遇

▲ 在比利时的英军展示法国战役中在图尔奈附近被击落的德国海因克尔He-111中型轰炸机残骸

梅赫伦事件

当"黄色方案"落入盟军之手时,德国人随即放弃,转而采用更好的计划。

1940年1月10日,德国飞行员埃里希·霍恩曼斯(Erich Hoenmanns)少校驾驶侦察机从南部接近科隆时,飞机被浓雾笼罩。为了避开浓雾,他向西拐,不久发动机便噼啪作响,随后停机。他别无选择,只好立即着陆。最有可能的解释是,他无意中触碰了发动机供油杆。

霍恩曼斯操纵飞机降落在白雪皑皑的地面上,他和他的唯一乘客赫尔穆特·莱因伯格(Helmuth Reinberger)少校毫发无损地离开了飞机。莱因伯格此行是拟把装有"黄色方案"行动计划的急件送到第7伞兵师师部。一个农民告诉他们,他们降落在了比利时默兹河畔的梅赫伦(Mechelen),而不是德国。他们被比利时士兵迅速带走。

为后人所熟知的"梅赫伦事件",对比利时国王利奥波德来讲是个烫手的山芋。他竭力保持比利时的中立,不想做任何惹恼德国人的事情。利奥波德决定秘密与法国和英国分享这一计划;同时,他也会告知德国人他们发现了一份"黄色方案"。

希特勒得悉此事后,显得异常平静。他命令德军最高统帅部废除这一走漏的计划,并制订新的计划。

1939年11月,希特勒得知天才的参谋长埃里希·冯·曼施坦因中将制订了另一项计划。根据该计划,德军主攻方向是比利时南部的阿登地区,而不是像最初打算的那样定为比利时东北部。"我们应该让他们朝色当方向进攻,"希特勒对德军最高统帅部作战局局长阿尔弗雷德·约德尔上将说,"敌人不会料到我们会攻击那里。"

事件发生后,盟军并没有显示出调整计划的意愿。事实上,他们认为被截获的计划证明了他们进军比利时以延迟德军主力进攻的计划的正确性。盟军无法预见的是,德国修改后的计划对他们将是灭顶之灾。

▲ 1940年1月,一架梅塞施密特Bf-108型飞机偏离航线,德国入侵法国的绝密计划落入盟军之手

"希特勒得知此事后,显得异常平静。"

C集团军群将部署在马其诺防线对面；A集团军群将配属9个德军装甲师中的7个，另外两个师将作为A集团军群的一部分发动入侵，但最终将开往南部与A集团军群会合。

对伦德施泰特集团军群的7个装甲师来说，最具挑战性的任务是横渡默兹河。一旦过河，伦德施泰特的部队就会长驱直入开赴英吉利海峡。当到达英吉利海峡时，他们将实现德国人所说的"镰割"（Sichelschnitt）战术意图，即把盟军一分为二，让A和B两个集团军群分别包围并歼灭被困在比利时东南部和法国东北部的盟军。

代勒防御

随着博克率部开始进攻，戈特命令13个步兵师中的8个挺进法国。他们的任务是比利时中部鲁汶（Louvain）和瓦夫尔（Wavre）之间长达35公里一线的防御。一旦德国人在阿尔贝运河（Albert Canal）的第一道防线上打开缺口，比利时人就要退回到代勒河畔，部署在英国远征军的左翼。法国的第一集团军和第九集团军将部署在英国远征军的右翼。法国的三个集团军，即第一、第七、第九集团军以及英国远征军，组成了加斯东·比约特（Gaston Billotte）将军的第一集团军群。

战后，法国最高统帅部声称阿登地区不适合大兵团移动作战，试图以此化解来自内部的指责。他们引用了时任法国陆军部长菲利浦·贝当（Philippe Pétain）在1934年发表的评论，称阿登固若金汤。但贝当实际所说的是，倘若"我们做出相应部署"来加强防御，那么阿登就会固若金汤。尽管1939年法国曾尝试加强该地区的防御，但最终也没有完成。

5月11日，3个英军步兵师进入代勒河战壕就位，其他5个师每隔一段距离部署在延伸至埃斯考特河的阵地上。5月11日晚至12日晚，比利时士兵退至代勒河一线。"所有的士兵都蓬头垢面、胡子拉碴，从许多人躲闪、呆滞的眼神里，看得出他们似乎经历过一场浩劫。"皇家诺福克团海军上校R. J. 黑斯廷斯写道。

奇怪的是，博克指挥的德军并没有立即发起对代勒的进攻，相反，他把进攻方向指向了南方。5月12日至13日，法德两军在让布卢缺口（Gembloux Gap）进行了一场坦克对决。尽管勒内·普里乌（René Prioux）将军的法国装甲骑兵军的415辆坦克成功阻止了德军前进，但在这一过程中损失了大部分坦克。

在南部，伦德施泰特的A集团军群于5月13日至14日在迪南（Dinant）和色当一线渡过默兹河。5月15日，伦德施泰特的装甲师开始在80公里宽的战线上向英吉利海峡挺进。

猛烈攻击

5月15日，德国人对比利时的代勒防线发动了猛烈进攻。德英两军之间爆发了一系列激烈战斗。英军士兵用步枪、机枪和手榴弹与德国人作战；在一些地方，德国狙击手爬到树上射击躲在改进过的、防护良好的战壕中的英军。

在英国远征军负责防御的这段防线，英国第3师在左，第1师居中，第2师在右。虽然据壕防守的英军不遗余力地反击，但鉴于代勒河并不很宽，德国人可以轻易地涉水通过，因此，要想固守是一项不可能完成的任务。

在这条防线的北端，伯纳德·蒙哥马利少将的第3步兵师发起了反击，击退了突破他们防线的德军部队；在英军防线的南端，达勒姆轻步兵团第2营在加斯图切（Gastuche）村所在的山丘周围稀疏地布防。黎明时分，一群德国兵冲过哨卡，除据守阵地的一个排以外，其余英军全部阵亡。经过一上午的激烈战斗，劳埃德少将的第2师于下午早些时候撤退到拉讷河（River Lasne），以免德军成功突破法国第一集团军南向防线，使自己侧翼受到威胁。

当代勒河防线第一天的战斗接近尾声时，戈特打电话给比约特将军，要求他汇报军情。英国远征军指挥戈特从位于阿拉斯附近的哈巴奇的英国远征军总司令部获悉，比约特命令法军撤退，但是，这位第一集团军群的指挥官却没想到需要通报英军。戈特对此大发雷霆。次日，比约特才向英国远征军发出了同样的命令。由于比约特指挥无方，英国远征军差点被德军围歼在代勒河一带。

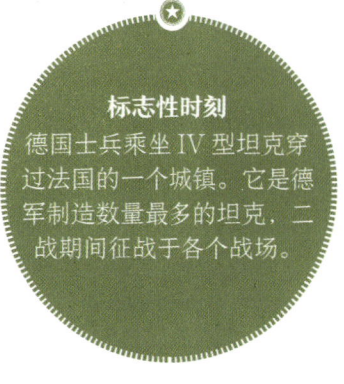

标志性时刻
德国士兵乘坐Ⅳ型坦克穿过法国的一个城镇。它是德军制造数量最多的坦克，二战期间征战于各个战场。

灾难降临法国

由于最高指挥部未能巩固默兹防线，在比利时和法国东北部的法军大难临头。

威廉·E. 威尔士/文

5月12日，在比利时中部平原上，法军坦克指挥官们紧张地注视着两个德国装甲师在地平线上集结完毕，准备攻击。很快，扬起的滚滚烟尘模糊了法军的视线，德军坦克隆隆地冲进让布卢地峡，向驻扎在盟军右翼的法军发起了进攻。

德军对让布卢缺口的攻击旨在重创勒内·普里乌将军的法国装甲骑兵军，以减轻其日后对德军的威胁。普里乌的坦克部队挫败了德军的进攻，但在开战中损失了大约70辆轻型和中型坦克。5月14日，德国在比利时的装甲部队进行休整，次日又发动了攻击。尽管普里乌的坦克部队再次阻止了向前推进的德军，但他当天接到命令，开始向西撤退。

比利时第一集团军群司令加斯东·比约特将军在获悉一支庞大的德国装甲部队横扫比利时南部阿登地区并在默兹河上架桥后，下令盟军从比利时全面撤军。在默兹河沿岸交战两天后，5月15日，德国人突破滩头阵地，开始快速越过默兹河西部的起伏群山。他们的推进，迂回包抄了在比利时的法军，而比约特知道，撤回他过度暴露的部队势在必行。

德国通过阿登地区发动的强大攻势震慑了法国民众和军队高层，并促使法国总统阿尔贝·勒布伦（Albert Lebrun）于5月18日用马克西姆·魏刚接替法军最高指挥官莫里斯·甘末林。甘末林出局的原因在于，在"虚假战争"期间以及之前，他没有采取预防措施来加强法国-比利时边境地区的防御，以防范德国通过阿登地区入侵。

格德·冯·伦德施泰特上将的装甲部队穿插阿登地区，幸运地打疼了法军第九集团军和第二集团军之间的接合部。两军都是由军事素养低劣的预备役部队组成。他们被德军击垮的消息令法军东北前线司令部一蹶不振，阴郁和不祥的感觉仿佛电流一样，从东北前线司令部传输到了远在巴黎的法国战争部。

东北前线崩溃

在三个法国装甲师中有两个未能奉命反击德军进攻后，5月15日，东北前线司令阿方斯·乔治（Alphonse Georges）将军向预备役第4装甲师指挥官戴高乐上校下达了反击德军的命令，同时着手建立新的防线。戴高乐花了两天时间集结兵力，进入反击阵地。

与此同时，安德烈·科拉普（André Corap）

▲ 5月14日,法军第1装甲师虽然对埃尔温·隆美尔中将的装甲部队进行了反击,却未能减缓他自默兹河的推进速度

将军的第九集团军已经溃不成军,它的三个军中有两个在德军攻击下完全溃散,余部在向西全速逃亡。此外,路上成千上万逃离难民的涌现影响了法军的重整和反击。德军战斗机对路面上的士兵和平民进行无差别扫射,致使许多人死于非命。德军的行径挫败了法军重新集结的努力。

5月17日和19日,戴高乐对向前推进的伦德施泰特装甲师南翼先后发动了两次反击,但戴高乐上校的坦克没有步兵或飞机的支援。第二天,海因茨·古德里安将军的装甲部队到达英吉利海峡岸边的滨海努瓦耶勒,从而切断了莫里斯·布朗夏尔(Maurice Blanchard)将军在比利时的法国第一集团军的退路。

魏刚竭尽所能去稳定局势,但由于事态极度恶化,他已无力回天去拯救法国第一集团军。5月21日,他向比利时人施压,要求拉长战线,但最终导致他们在一周后投降。他还威逼英国远征军司令戈特勋爵对伦德施泰特的右翼发动装甲军反击。在5月21日英国远征军第一次反击失败后,他又策划于5月26日进行再度反击,但由于局势不断恶化,第二次反击流产。

魏刚向法英两国领导人做出了不切实际的承诺,即有可能在索姆河与被困在佛兰德的部队之间开辟出一条通道。他未能对局势做出切合实际的评估,这点不可原谅。

被围困的法国第一集团军在通过比利时向西撤退的战斗中蒙受了惊人的损失,一些部队的人员伤亡率甚至达到了75%。然而,作为法军的精锐部队,尽管他们身处绝境,但士气仍然出奇地高昂。

虽然英法船只最终成功从敦刻尔克撤出了12.2万多名法国士兵,但留在敦刻尔克周边的4万名法国士兵和里尔包围圈里的另外4万名法国士兵,除了放下武器走进德国战俘营,别无选择。

▼ 德国装甲团对防守默兹防线的二流法军实现了碾压式胜利,进而横扫了诸如波尔西安堡(Château-Porcien)这样的小镇

"被围困的法国第一集团军在通过比利时向西撤退的战斗中蒙受了惊人的损失,一些部队的人员伤亡率甚至达到了75%。"

▼ 5月15日,应法国请求,英国首相丘吉尔同意再向法国派遣4个飓风式战斗机飞行中队

且战且退敦刻尔克

威廉·E. 威尔士/文

军纪严明的英国远征军在通过比利时撤退时,从未屈服于敌人进攻的重压。

▲ 戈特勋爵确保了撤退至英吉利海峡的英国远征军仍然是一支有生力量

"当他们意识到眼前正在发生的一切时，德国空军的斯图卡和梅塞施密特战机便开始对撤退部队进行轰炸和扫射。"

1940年5月16日，当比利时前线的英军听到消息说，他们将于当晚分阶段从代勒河向西撤退时，士兵们感到震惊和沮丧。德国人在连续两天的战斗中并没有突破他们的阵地，而英国远征军所属的第一集团军群司令部却因为在默兹河以南110公里处发生了灾难性事件就下令撤退，对此他们很难理解。其实，德国人在法国前线上撕开了一个口子，对比利时的盟军已然形成了侧翼包围之势。

1940年5月10日，当德国对低地国家和法国的侵略开始时，英国远征军的主力已经奔赴比利时，在代勒河一线严阵以待，静候德军不可避

英国装甲部队向阿拉斯进攻

英国人发起了坚决的反击,但未能破坏通往大海的"装甲走廊"

在法国战役中,1940年5月21日盟军在阿拉斯对德军的反击最为重要。最初的设想是协同进攻德军A集团军群,即英军从阿拉斯向南进攻,法国第5军从贡比涅(Compiègne)向北进攻,但实际进攻规模比最初计划的要小得多。

英国攻击部队由两个步兵营和两个兵力不足的坦克团组成,而不是两个英国步兵师和第1陆军坦克旅。此外,法国的向北进攻计划从未实现。

英国远征军指挥官戈特勋爵把反攻计划交给英国第5步兵师的哈罗德·富兰克林(Harold Franklyn)少将去制订,吉法德·勒·凯纳·马特尔(Giffard Le Quesne Martel)中将被任命为法兰克福作战群(Frankforce)的负责人。

马特尔的右路纵队由第7皇家坦克团统领,左路纵队由第4皇家坦克团率领,两个坦克团共有58辆I型坦克和16辆II型坦克。每个纵队还有一个达勒姆轻步兵营、一个炮兵连和一个反坦克连。当天下午2时开始,法兰克福作战群与隆美尔少将第7装甲师的前锋部队交火。右路纵队清除了两个村庄的敌军,但面对德国空军的猛烈反击,纵队陷入了僵局。

左路纵队无论是对德军的打击还是收复失地,都取得了更大的胜利。第4装甲团的坦克袭击了一个机械化步兵部队的车辆,并击溃了一个反坦克连。随后,第4装甲团和达勒姆轻步兵团第6营与隆美尔以坦克杀手、88毫米口径高射炮为掩护的第6步枪旅之间爆发了一场激战。

当天结束时,英军俘虏了400名德军战俘,摧毁了大量德国坦克。在这次攻击中,法兰克福作战群损失了32辆I型坦克和14辆II型坦克,相当于其坦克兵力的60%。马特尔认为他的部队有受到反击的危险,于是在晚上撤出了他们经过浴血奋战夺来的土地。

▲ 在英国于阿拉斯发动的反击中,隆美尔部署了88毫米口径的高射炮来击退英军的装甲车

▼ 1939年11月，在法国艾克斯（Aix）的女王卡梅伦高地人团第1营的一个工作队

> "当博克指挥的集团军群疾风暴雨般的袭击将比利时军队如海边棚屋一样吹得七零八落之时，代号为'发电机行动'的敦刻尔克大撤退已经开始。"

免的进攻。5月15日，当费多尔·冯·博克上将的B集团军群主力部队向阵地发起进攻时，他们已经等待了5天。

次日，英国远征军指挥官戈特勋爵发布命令，部署在瓦夫尔和鲁汶之间的代勒河35公里长防线上的3个步兵师，将分3个阶段撤退到斯凯尔特河：首先，撤退到塞纳河，接着是登德尔河（Dendre River），最后是斯凯尔特河。撤

人已经撤走。但当他们意识到眼前正在发生的一切时,德国空军的斯图卡和梅塞施密特战机便开始对撤退部队进行轰炸和扫射。

为了防范残酷的空中打击,英国人通常在白天就地隐蔽,晚间利用夜色的掩护开始行动。在撤退途中,一路上散落着被敌人空中或地面火力击毁的黑黢黢的英国军车。睡眠不足的士兵们向西跋涉而去,德军在后面紧追不舍。正因为他们是具有团队精神的正规军,指挥有方,训练有素,这种蛙跳式撤退才能有条不紊地进行。

后备军匮乏

5月15日,法国总理保罗·雷诺(Paul Reynaud)给丘吉尔打电话,向他通报了默兹河防线的噩耗。"我们打败了。我们输掉了这场战斗,"他说,"前线在色当一带失守。"丘吉尔大为震惊。他同意飞往巴黎,与法国军政领导人就当前局势进行磋商。5月16日,人在巴黎的丘吉尔询问战略储备情况,盟军最高指挥官莫里斯·甘末林告诉他两手空空,囊中羞涩。雷诺请求丘吉尔履行承诺,向法国增派10个战斗机中队,以便和德军争夺空中优势。丘吉尔同意立即派遣4个中队,但另外6个中队将在英国南部执行任务,以保卫英国本土的领空。

在战争的第一周,第一集团军群司令加斯东·比约特将军与戈特鲜有交流。比约特本来负责协调法国4个集团军与防御比利时和法国东北部的英国远征军,但他几乎把所有精力都投到了法国军队的指挥上。

戈特手下共有13个步兵师,但只有10个师做好了战斗准备。另外3个是缺乏经验、装备不足的所谓交通线(LOC)师。在德军入侵的第一天,当英国远征军向比利时进军时,3个交通线师被留在上法兰西(upper France),负责守

军行动经过了精心策划,每个师的两个前线旅将在后备旅的掩护下撤退,然后,后备旅将在装甲车、机枪和反坦克炮的掩护下撤退。一旦每个师在通过下一条河后重新集结完毕,就把上次撤退程序重复一次。

英国远征军所进行的是一次"接触式撤军"。这对任何一支军队来讲,都是要求最为苛刻的军事行动之一。它需要明晰的命令、坚强的意志和钢铁般的纪律。德国人起初并不知道英国

卫机场、仓库和前线部队的补给线。

随着德军攻势的展开，交通线师发现自己的处境十分危险，因为他们直接挡住了格德·冯·伦德施泰特上将的A集团军群的路。该集团军群正通过法国东北部向英吉利海峡挺进，以便分割比利时的盟军。A集团军群的先锋队清一色是快速移动的装甲部队。

随着战役的进展，腹背受敌的戈特所面临的挑战是，不仅要留意在其前方的博克部队，同时还得密切关注快速围逼其后方的冯·伦德施泰特部队的动向。5月20日，形势进一步恶化。海因茨·古德里安将军由3个装甲师组成的第19军，在到达英吉利海峡岸边的滨海努瓦耶勒之前，击溃了三个交通线师中的两个。古德里安随后挥师北上，向英吉利海峡港口和英国远征军后方挺进。

就在德军推进到英吉利海峡的当天，英国远征军在埃斯考特一线重新集结。英国人据守埃斯考特防线51公里长的中段，比利时人防守北端，法国人占据南端。此前一天，戈特曾向伦敦陆军部提出过海上撤退的想法。丘吉尔担心戈特过早地考虑撤退问题，于是派帝国总参谋长威廉·埃德蒙·艾恩赛德（William Edmund Ironside）男爵前往英国远征军总部评估形势，并与戈特商讨最佳行动方案。艾恩赛德积极鼓励戈特首先考虑如何通过在南部反击伦德施泰特的部队，来打开通往索姆河沿岸盟军的通道。

戈特反对向南发动大规模反攻，因为他必须从比利时的左翼撤军，才能发动这样的进攻。他担心如此调动会在英比两军之间留下一个危险的缺口，被德军加以利用。

比利时丧钟

5月18日接替甘末林担任盟军最高指挥官的法国将军马克西姆·魏刚，在5月21日与比利时国王利奥波德在伊普尔（Ypres）举行的会晤中谈到了这一问题。魏刚希望比利时军队放弃埃斯考特防线，撤回到比利时最西端的伊瑟河（Yser River）。这将缩短盟军的防线，把英军解脱出来，以备将来对默兹-英吉利海峡一线的伦德施泰特所谓的"装甲走廊"进行反击。然而，撤军将迫使比利时人将比利时西部的大部分地区拱手让与敌人，留下宝贵的粮食和弹药储备，而这对比利时军队的生死存亡至关重要。身为比利时军队总司令的利奥波德国王认为，这也会进一步打击比利时军队本已低迷的士气。

魏刚和利奥波德最终达成妥协：比利时人撤回利斯河（Lys River），并将防线向南延伸以支援英国人。利奥波德调动最后一批后备军来执行这一任务，是为了解除英军的南线压力。这一妥协协议的受益方是英国，但对濒临崩溃的比利时军队来说却是敲响了丧钟。比利时人从斯凯尔特河撤退到了利斯河，英国人则从斯凯尔特河撤退到了杜勒河（Deule River），在朗斯（Lens）和里尔之间占领阵地来保护敦刻尔克。

5月21日，戈特下令英国装甲部队在阿拉斯进行有限反击，但未能破坏伦德施泰特的装甲走廊。魏刚催促再次反击，但此时的戈特确信，通过海上撤离是英国远征军免于灭顶之灾的唯一出路。魏刚向丘吉尔保证，军队可以集结起来再进行一次反击，但这只是一个空洞的许诺。魏刚曾计划在5月26日发动英法联军协同进行的第二次反击，但从未落到实处。

战争打到这个份儿上，知道英军尚能有何作为的人是戈特，而非丘吉尔。德军两个强大的集团军群钳子般慢慢地挤压着英国远征军。5月23日，古德里安的装甲部队占领了布洛涅（Boulogne）；5月26日攻陷了加来。当时，

▲ 在A集团军群挺进英吉利海峡的途中，一支装甲部队穿过法国东北部的一个城镇

伦德施泰特的装甲师距离敦刻尔克只有16公里，博克的步兵师距离敦刻尔克只有80公里。向南部突围的所有希望都破灭了。

1940年5月26日，戈特收到了陆军大臣安东尼·艾登（Anthony Eden）的电报，准许他在格拉夫林以东的海滩和港口据守，等待最终撤离。当博克指挥的集团军群疾风暴雨般的袭击将比利时军队如海边棚屋一样吹得七零八落之时，代号为"发电机行动"的敦刻尔克大撤退已经开始。

博克有10个步兵师可以用来对付比利时军队。在5月26日的激烈交火中，他的突击部队冲破了比利时科特赖克（Courtrai）防线的右翼。利奥波德告诉戈特，除非法军和英军增援他的阵地，或对来犯的德军予以反击，否则他的军队将无法继续战斗。面对如此重压，在比利时的盟军没有试图去支援比利时军队。丘吉尔恳求利奥波德再坚持一段时间，但比利时人已经忍无可忍。5月28日，比利时军队投降。英国和法国都不公平地指责利奥波德投降过早，但他早已有言在先，多次警告称自己的军队崩溃在即。

▲ 身穿军服、没有佩戴很多勋章的戈特勋爵肖像。雷金纳德·格伦维尔·伊夫斯绘

关键人物

约翰·维里克
（戈特勋爵）

英国远征军指挥官进退维谷：要么违令撤军，要么冒失败风险。

1939年9月3日上午11时，由于元首希特勒无视从波兰撤出侵略军的最后通牒，英国政府对德宣战。当天晚些时候，英国政府做出了另一项重要决定：任命戈特勋爵为英国远征军总司令，向法国北部进军。9个月后，一名目击者描述说，戈特紧握着英国皇家"赫柏号"（Hebe）扫雷艇的护栏，垂头丧气地开始从敦刻尔克撤回英国。

> **1940年5月10日**
> 德国攻打比利时和荷兰的当天，丘吉尔接替了张伯伦。如果有更多的时间，丘吉尔首相可能会另寻他法来反击这种入侵。可是，1939年张伯伦批准的向比利时派遣英国远征军抗击德军的作战计划早已施行。

▲1940年4月，法国贝休恩（Bethune）。戈特勋爵陪同法国乔治将军检阅皇家恩尼斯基伦火枪团（Royal Inniskilling Fusiliers）

▲ 1939年11月，在奔赴法国之前，戈特勋爵和他的参谋们在坎伯利参谋学院合影

约翰·斯坦迪什·瑟蒂斯·普伦德加斯特·维里克（John Standish Surtees Prendergast Vereker）1886年生于爱尔兰。1902年，他子承父业成为利默里克的第六代戈特子爵；1905年，以戈特勋爵身份加入近卫步兵第1团（Grenadier Guards）。一战爆发后不久，他晋升上尉。此后，戈特的军衔一路攀升，担任前线作战参谋，接着指挥近卫步兵第1团第4营和第1营，参加不少重要战役。

他曾4次在战斗中负伤，至少8次受到通电嘉奖，荣获过军功十字勋章、二级杰出服役勋章和英国战斗英雄最高勋章维多利亚十字勋章。高大魁梧、面容坚毅的戈特勋爵因坚不可摧的性格而声名鹊起，赢得了"老虎"的绰号。第一次世界大战后，戈特勋爵继续屡立战功。他成为坎伯利参谋学院的一名教官，后来在1936年担任院长。在此之前，他曾在印度担任军事训练主任4年。

1937年，戈特经历了一系列突如其来的火箭般晋升。陆军大臣莱斯利·霍尔-贝利沙（Leslie Hore-Belisha）希望起用年轻军官重振军队的最高指挥系统。他首先任命戈特为他的军事秘书，然后又提拔他担任军中最重要的职位——帝国总参谋长（CIGS）。这个职位也使戈特晋升为上将，从而在许多久经沙场的老将中鹤立鸡群，引起了一些人的不满。

不过，尽管戈特得到了快速提拔，尽管他和霍尔-贝利沙都认为与德国的战争不可避免，但戈特远非"霍尔-贝利沙的人"。事实上，两人相处得并不融洽。戈特之所以被委以帝国总参

▲ 1939年11月，戈特勋爵在法国的指挥部中研究地图

谋长一职，是因为他的活力和干劲以及令人印象深刻的战功，而肯定不是因为他的从政能力。1939年，当戈特肩负起英国远征军重担时，他对重返战场的前景感到高兴，但同样高兴的是，他有机会对陆军大臣敬而远之。

然而，一旦到了法国，作为英国远征军指挥官的戈特勋爵就不能诸事顺遂了。他要与法军最高指挥官甘末林将军保持密切沟通，尽管他直接听命于驻防法国东北部的军队指挥官乔治将军，而英国远征军隶属于比约特将军的第一集团军群，但比约特对他们又没有指挥权。此外，即便戈特在他认为命令有危及军队之虞时有权向英国政府抗诉，但如果事态发展迅速，加之迅雷不及掩耳的战场演变远比一战要快，这种所谓的权力也没有任何实际意义。

雪上加霜的是，甘末林和乔治的关系十分紧张，与戈特和霍尔-贝利沙之间的糟糕关系相比毫不逊色。两人都不适合担任法军高级将领，不仅仅因为明日黄花的他们是第一次世界大战时的老兵。67岁的甘末林身材矮小，沉默寡言，没有魅力，缺乏活力；毋庸置疑，他不是一个帅才。小他三岁的乔治，在1934年炸死南斯拉夫国王亚历山大的炸弹袭击中幸免于难，但这位法国人从此留下了如影随形的伤痛，而且随着时间的推移，他的心理也因这一事件受到重创。

1940年5月10日，随着德军策动"黄色方案"，向西进攻荷兰、比利时和法国时，1939年年底至1940年年初的那场"虚假战争"演变成了全面战争。盟军对这一攻击的一致反应，是1939年制订的D计划，其中，包括英国远征军在内的法国第1军向东挺进，抗击比利时的入侵者。为了靠前指挥，戈特走出司令部，在里尔附近建立了一个新的战地指挥部。然而，他这样做犯了一个错误，因为这给盟军指挥官之间的联络不断制造困难。事后，因为更像一个前线指挥官而非高级将领，戈特招致严厉批评，这个错误就是明证。

此外，法国人因认为阿登地区牢不可破而削弱了防守，给海因茨·古德里安将军率领的3支德国装甲先头部队以可乘之机，轻松地实现了悄然穿越。他们出现在色当，随后在法军防线上打开了一个80公里宽的缺口。当法国军队后退时，德军坦克部队直插海岸。

5月14日凌晨，乔治将军在接到了防线失守的消息后，不由得潸然泪下——这清晰地表明，他曾经受到的创伤削弱了他的指挥能力。

由于没有战略后备军——法军指挥官毫无准备——德军对色当的入侵迫使在比利时的盟军再度后撤，以阻止德军装甲部队在其洞开的右翼后方掉头围攻。在5月18日、19日子夜前后，戈特才完全获悉德军装甲部队的突破情况。他联系了战时内阁，汇报了3种可能的选项。

5月19日晚些时候，冲锋的德军切断了英国远征军和法军司令部之间的通信主线，而甘末林则被73岁的从未带兵打过仗的魏刚将军取代。甘末林下达的最后一道命令，是从德军突破口的南北两个方向组织联合反击；两天后，魏刚采取了几乎相同的作战方案。所有这些都使得戈特在关键时刻没能发出具体的作战命令。

尽管如此，他意识到政府倾向于向南进攻，于是在5月21日，他策动了对阿拉斯的反击。此举本应得到法国的助攻，但其助攻规模远远没有达到预期。果真如此，战术可能会更加奏效，因为阿拉斯的行动实际上令德军不寒而栗。他们担心，至少在短期内，挺进海岸的装甲师先头部队与后面的步兵师之间可能会被切断。

由于魏刚的计划得到丘吉尔的赞同，戈特奉命向南进攻。然而，英国远征军在比利时的左翼压力陡增，最终在5月25日被攻破。大约在同一时间，戈特了解到，法军计划从北方和南方发动的攻击要么大打折扣，要么完全取消。在右翼，德军装甲部队包围了英吉利海峡岸边的布洛涅港和加来港。这时，戈特做出了一个重大决定：他

1940年5月19日
戈特在给战时内阁的一份报告中提出三种建议：一是英国远征军坚守阵地；二是向西移防，与其他法军联合；三是撤退到英吉利海峡沿岸港口。选项三是撤退的前兆。这是戈特第一次向英国上司表达这一想法。

公然违抗政府和上司的命令，从阿拉斯撤军，以填补左翼的缺口，进而掩护英国远征军从唯一开放的港口——敦刻尔克撤退。

"发电机行动"开始了。丘吉尔不敢冒险让英国远征军总司令落入敌人之手，尽管戈特希望留在军中，但丘吉尔还是命令他于5月31日返回英国。

最终，30余万人得以撤离，在关键时刻保住了英军的有生力量。戈特勋爵继续担任战时要职，先后出任直布罗陀总督和马耳他总督，最后一个职位是驻巴勒斯坦高级专员。然而，这时的他已经病入膏肓。1946年，戈特勋爵辞世，连回忆录都没来得及写，不能不说非常遗憾。和他同时代的许多人都著有回忆录，有人还连篇累牍地追忆战前戈特获得的一系列晋升，令他们至今耿耿于怀。因此，他的声誉在战后受到了毁损，许多人指责他对英国远征军指挥无方。然而，戈特对部队危险处境的解读以及他做出的大撤退决定，对英国继续参战并最终赢得胜利至关重要。当时他手上的牌放在别人手里打，或许打法迥异，但那终归不是一把能打赢的牌——戈特预见到了这一点，并采取了相应的行动，从而减少了损失。

"戈特做出了一个重大决定：他公然违抗政府和上司的命令，从阿拉斯撤军，以填补左翼的缺口。"

◀ 指挥危机——英国远征军指挥官戈特勋爵和盟军总司令甘末林将军在一起。在德军进攻后几天，甘末林即被替换掉

1940年5月25日
选择逃跑，对一个维多利亚十字勋章获得者来说并不容易。撤离阿拉斯是不是会使可能的反击泡汤？鉴于没有法军的支援，答案几乎是肯定的。戈特应该早点做出决定吗？他的想法刚一提出，就被命令朝相反的方向进攻！总而言之，戈特做得对。

标志性时刻
英国远征军总司令戈特勋爵和阿方斯·约瑟夫·乔治将军在法国阿拉斯。几个月后,乔治被解除了东北前线司令的职务。

撤退行动

- 60   敦刻尔克绝境
- 73   关键人物：伯特伦·拉姆齐
- 80   全速开赴敦刻尔克
- 92   逃离敦刻尔克
- 100   敦刻尔克谢幕
- 113   关键人物：格德·冯·伦德施泰特
- 118   英国皇家海军的角色
- 127   影子舰队
- 138   英国皇家空军的角色
- 149   敦刻尔克作战武器

敦刻尔克绝境

英国指挥官批准史诗般的海上撤离行动,以避免数以万计的盟军士兵被德军俘虏或歼灭。

1939年9月1日纳粹德国入侵波兰，两天后英国对德宣战，数天之后，英国远征军的先头部队便抵达欧洲大陆，兵力达15万之众，车辆超过2万辆，次年春，兵力最多时达40万人。

劫掠成性的纳粹德军在数周内击败了波兰，但第二次世界大战的西部前线却出奇地平静。不过，德军和盟军在法国边境上无所事事的状态——人们熟知的"虚假战争"——并没有持续太久。1940年5月10日，德军实施"黄色作战"，或称"黄色方案"，悍然入侵法国和低地国家，横扫英吉利海峡沿岸地区，打破了令人不安的宁静，对幸存的法国军队和英国远征军形成分割包围的态势。

英军司令官、第六代戈特子爵约翰·维里克将军，与无能的莫里斯·甘末林将军的继任者、法国将军马克西姆·魏刚进行了军情会商。随着法国第九集团军的溃败，英军后方暴露无遗，英国远征军分为两个旅级作战单位，并在敦刻尔克港到阿拉斯镇之间设立了名为"海峡防线"的防御区，向南纵深约86公里。戈特意识到，位于沼泽地带的敦刻尔克靠近英吉利海峡沿岸连绵不断的海滩，易守难攻，是最近的具备一定规模、设施完好无损的港口，乃法军和英国远征军撤出欧洲大陆的希望所系。

5月21日至23日，盟军在阿拉斯对德军的反击初见成效。然而，由于援军不足，初期胜利难以为继，最终只好半途而废。尽管如此，德国人还是被盟军凶猛的攻势震慑住，推进行动暂停了整整一天。

后来，希特勒与副手们进行研判。德国空军司令、帝国元帅赫尔曼·戈林说服元首，单凭空袭便可有效打击盟军，将其挤压在敦刻尔克周围不断收紧的包围圈里。于是，希特勒决定停止地面攻击，准许德国空军独自去啃困在港区内盟军这块硬骨头；这是他在第二次世界大战中犯下的最大错误之一。当希特勒改弦更张恢复地面作战时，盟军从敦刻尔克的撤退行动已几近完成。

当英国远征军大部、法国3个集团军的余部和一支比利时部队在敦刻尔克防区集结时，作为总体撤退计划的有机组成部分，盟军在沿海城市布洛涅（位于敦刻尔克西南60公里）和加来（距敦刻尔克约30公里）英勇抗敌，为撤离部队赢得了宝贵时间。英国陆军爱尔兰护卫队第2营和威尔士护卫队的一个营在布洛涅防御作战，皇家坦克第3团、步枪旅的3个营和大约800名法国士兵在加来坚守阵地。

布洛涅守军在战斗中损失400人，但德军前进受阻两天；而就在德军抵达前一刻，非战斗部队第1探照灯团迅速进入加来，投入战斗。这些盟军甘愿牺牲，坚守了3天，加来于5月26日落入德军之手。

与此同时，一场史诗般海上救援行动正在展开。

从多佛尔到敦刻尔克

早在5月中旬，57岁的海军中将伯特伦·拉姆齐（Bertram Ramsay）就已经意识到英国远征军和其他在法盟军的困境。拉姆齐是驻多佛尔皇家海军的指挥官，于1898年加入皇家海军，参加过第一次世界大战，1938年退役，后经丘吉尔首相劝说重返疆场，冥冥之中似乎注定他将指挥撤离欧洲大陆的行动。5月20日，拉姆齐在他凿进白色崖壁、位于多佛尔城堡下方的指挥掩体里，召开了"发电机行动"的第一次工作会议。该营救计划以指挥掩体旁边的发电机房命名，这

> 最初的"发电机行动"计划预计在敦刻尔克滩头阵地沦陷之前，只有48小时的撤离时间。

个机房负责为周边设施和指挥掩体提供电力。

在拉姆齐制订"发电机行动"计划时,陆军大臣安东尼·艾登向戈特保证,将就撤离做出相应安排。然而,英军最高指挥机关里却笼罩着阴郁的气氛。5月23日,英国远征军第2军司令、未来的帝国总参谋长艾伦·布鲁克将军写下的一则日记,读起来简直就像悼词:"如今,只有奇迹才能拯救英国远征军,末日已为期不远!德军已向前推进两周有余,他们的胜利令人吃惊。毫无疑问,他们是世界上最出色的战士。"在布洛涅和加来的守军顽强奋战之际,拉姆齐开始征集尽可能多的皇家海军船只用作撤军,后来,只要能载员1000人的船只悉数被调用。5月14日,英国广播公司播出如下指令:"海军部命令,所有长度30至100英尺(约9-30米)机动游艇的船东,自即日起14天内,须将游艇全部数据提交海军部。"

尽管该命令可能只是为了征用私人船只执行港口或海岸巡逻任务,但事实上歪打正着。征用民船的做法在战时普遍存在,但当敦刻尔克危机爆发时,至少部分平民已经做好了提供跨海峡救援的准备。

5月25日,布洛涅被德军攻陷。第10装甲师的坦克转而向加来挺进,而邻近的第1装甲师距离敦刻尔克只有16公里。

5月26日傍晚,克劳德·尼科尔森(Claude Nicholson)准将向德国人交出了加来要塞。英国战时内阁正式批准戈特向敦刻尔克一带集结兵力。英国空军少将、皇家空军第11集团司令基思·帕克(Keith Park)派出16个战斗机中队,与狂轰滥炸的德国空军进行空中对垒,为撤退的英国远征军提供空中防御。

随着英国远征军的战线进一步向敦刻尔克收缩并撤出工业城市里尔,由此产生的缺口暴露了法国和比利时军队在南线的侧翼,迫使比利时

▲ 从敦刻尔克撤离后,一名受伤的法国士兵被用担架抬上岸

军队后撤,给德军创造了包围法国第一集团军的机会。

5月27日,英国和法国军队继续后撤。在盟军不堪一击的关键时刻,希特勒不明智地下令停止前进。命令解除后,德国装甲师再次发动攻击,被侧翼包围的比利时军被迫投降。几个小时后,国王利奥波德三世同意希特勒无条件投降的要求,比利时随即退出了战争。

布鲁克将军火速派遣4个师,堵住因比利时投降出现的26公里缺口。在接下来的72小时里,瓦显蒂(Wytschaete)和波珀灵厄(Poperinge)两地爆发了殊死战斗,这样,从比利时伊普尔镇到海岸一带的英国远征军防线才得以成功守住。

▲ 1940年5月,德国装甲部队攻陷加来

"发电机行动"开始

5月26日晚6时57分,海军部响应陆军部命令,授权实施"发电机行动"。这场行动最初计划撤离4万名英国远征军士兵,然而,达成这一目标的前景似乎异常暗淡。即使面对如此严峻的挑战,拉姆齐仍然表现出冷静、威严和控制力,将一个渺茫的前景转化为巨大的成功。这位将军允许下级军官先斩后奏,充分相信他们对形势的现场把控。

在"发电机行动"战术执行期间发挥了关键作用的人中,包括威廉·乔治·坦南特(William George Tennant)上校。他是一名海军参谋,是拉姆齐的部下。拉姆齐任命坦南特为敦刻尔克岸防高级海军军官,并于5月27日下午将其派往战区,随行人员包括十几名军官和160名水手。坦南特登上"狼犬号"(Wolfhound)驱逐舰,踏上了危机四伏的救援之旅。在德军轰炸机一路骚扰下,他们一行人于当晚6时抵达。

坦南特后来回忆说,当他走上岸时,"眼前的敦刻尔克让人内心猛然升腾起一种空空如也的感觉。德军一直拼命地要拿下它,城里建筑物上的窗玻璃一块都没剩下,街上到处都是破碎的玻璃,没人顾得上去清扫"。为了防止日益混乱的局面完全失控,他迅速做出反应,派海岸警察驻扎在城东的海滩上,阻止无法无天的散兵游勇抢劫或逃跑。

敦刻尔克港口设施遭到了德国空军的猛烈轰炸,加之德军地面炮火像绞索一样在英国远征军脖子上越勒越紧,港区一片狼藉。显然,营救船只的最佳航线不是驶入港池。东部海滩倒是很合适,坦南特暗自思忖。抵达敦刻尔克两个小时后,坦南特致电拉姆齐:"请速派一切可

国王乔治六世的慰藉

当忧心如焚的英国人民争相传阅有关法国局势恶化的报道时，
国王参加了威斯敏斯特大教堂的礼拜

1940年5月26日星期日，随着法国战役吃紧的消息沸沸扬扬地传开，国王乔治六世宣布该日为全国祈祷日，并出席了威斯敏斯特大教堂举行的礼拜仪式。各地的英国人都效仿他们的君主，纷纷拥向教堂。数千人排队等候进入威斯敏斯特大教堂，参加伦敦的这一重要仪式。

观察家们发现，随后发生了3起特别事件：一是威胁到敦刻尔克滩头阵地存亡的德军装甲部队被希特勒叫停；二是5月28日一场疾风骤雨席卷佛兰德，德国空军被迫停飞，大批英军从不间断的轰炸和扫射中获得喘息的机会，向撤离点靠近；三是通常波涛汹涌的英吉利海峡神奇地平静下来，使大大小小的船只能在一段时间内较为轻松地渡海搭救英国远征军。

人们把"发电机行动"的巨大成功称之为"敦刻尔克奇迹"，但也可以说，正是上述一系列"奇迹"在敦刻尔克大撤退中发挥了不可或缺的作用。

▲ 在撤退到敦刻尔克期间，英国将军艾伦·布鲁克爵士指挥了一场英勇的防御战

▲ 会见陆军和皇家空军军官后，打着手势的英国远征军司令戈特勋爵

> "就在德军抵达前一刻，非战斗部队第1探照灯团迅速进入加来，投入战斗。这些盟军甘愿牺牲，坚守了3天。"

用船只前往东部海滩。明晚撤退恐有问题。"

此时，围绕不断缩小的敦刻尔克防区的战斗仍在激烈进行，德国空军的空袭也愈演愈烈。一些船只在被德军炸弹击中后完全沉没或猛烈燃烧起来，机枪子弹打得沙滩和水面飞花四溅。复仇的步兵端起恩菲尔德式步枪向低空飞行的德军战机乱枪扫射。

截至5月27日晚，首批7669名士兵撤离敦刻尔克。然而，坦南特敏锐地觉察到，撤离速度过慢，必须由小船冲滩，载上士兵后将他们摆渡到深水区等候的大船上。更为糟糕的是，英国皇家空军已经不遗余力，但在德国空军的毁灭性轰炸和扫射中，开阔海滩上候船的士兵恰似案上鱼肉，救援船只也长时间处于极大的危险之中。

一言不发的坦南特绝望地扫视着被浓烟笼罩的残破不堪的港口，建筑物和港口设施全都在熊熊燃烧。德军飞机确实造成了严重破坏，但它们未能摧毁两条长长的防波堤。这两条防波堤由打入海床的混凝土柱子和2.4米宽的木栈道构成，形成了港区的人工入口。它们在岸上起点处相距1.6公里，向宽阔海面延伸时逐渐呈合围之势。

需要是发明之母

经过仔细观察，坦南特认为，部队可以通过防波堤直接有序登上较大的救援船，而不必单单依靠耗时费力的摆渡。不过，令他颇感失望的是，西防波堤仅长152米，而且位于浅水区，不

> 担心坦克会陷入沼泽地的德国人格德·冯·伦德施泰特，对停止地面进攻负有一定责任。

适合大多数大型船只靠泊。因此，他没敢冒险使用。

不过，东防波堤却让人看到了希望。令人意想不到的是，它向英吉利海峡延伸1.2公里，就位于敦刻尔克市区边缘的海岸，靠近和平时期的海滨度假胜地马洛莱班（Malo les Bains）地区，附近有高高的沙丘，可以为向东防波堤开进的士兵们提供一些掩护。他们有望在此直接登上大型船只，前往安全无虞的多佛尔。

为验证自己的想法，坦南特下令通用轮船运输公司（GSNC）的"海峡女王号"现代轮船在英吉利海峡水域进行一次试航。这艘建造于1936年的时髦轮船轻松驶入港口，顺岸停泊在东防波堤旁。试航结束时，这位有创新精神的军官知道自己想出了一个海滩撤离的可操作替代方案。不幸的是，"海峡女王号"在随后的撤离行动中被德国空军轰炸机击沉。尽管如此，它还是为"发电机行动"做出了宝贵的贡献，最终挽救了数千名盟军战士的生命。

5月28日凌晨4时30分刚过，坦南特通知拉姆齐，为了提高撤退效率，必须更改撤退流程。他要求那些锚泊在近海海域等待接收撤离部队的大型救援船，特别是现有的高航速皇家海军驱逐舰，改为直接靠泊东防波堤。

一整天下来，救援工作有增无减。随着"发电机行动"的展开，丘吉尔首相定时听取行动动态汇报。当天，11874名士兵从港口撤离，其中大部分经由东防波堤撤出，另有5930人从

▲ 退潮时，士兵们在用卡车临时搭建的突堤上等待撤离

> "敦刻尔克港口设施遭到了德国空军的猛烈轰炸,加之德军地面炮火像绞索一样在英国远征军脖子上越勒越紧,港区一片狼藉。"

▲ 被困在海滩开阔地上的一名英军士兵举枪向低空飞行的德军飞机开火

仍在使用中的东部海滩撤退。4万名被困在里尔的法国第一集团军士兵奋力抗击德军7个步兵师和装甲师的进攻,他们的拼死抵抗一直持续到5月底,拖住了大量德军。假如这些德军得以脱身的话,他们完全可以一股脑捣毁敦刻尔克滩头阵地。

危机并存

也许此时,希特勒已经意识到自己犯下的错误:命令停止地面攻击,为英军周密组织"发电机行动"提供了窗口时间。5月27日,德国情报部门证实盟军撤离行动已经开始。纳粹海军高级参谋奥托·施尼温德(Otto Schniewind)上将在当日与戈林的谈话中指出,歼灭英国远征军的机会正在溜走。

"在仓促上阵、条件恶劣的情况下,分步骤、有秩序地运送大部队和辎重是件无法完成的任务,"施尼温德对傲慢自大的帝国元帅说,"然而,天气条件好的时候,即使是从开阔的海滩上,也可以通过大量小型船只、近海船只、渡轮、拖网渔船、漂网渔船及其他小船,把不带装

▼ 在敦刻尔克附近的海滩上,英军士兵在沙丘间排成蜿蜒的长队等待登上小船

英国远征军戈特勋爵

人们对其军事指挥褒贬不一

约翰·斯坦迪什·瑟蒂斯·普伦德加斯特·维里克是第六任戈特子爵,一战老兵。他在1939年被任命为英国远征军司令,9月19日抵达欧洲大陆。历史学家们对其军事指挥评价莫衷一是,既肯定他防御敦刻尔克的决定,又批评他在1940年5月10日德国入侵法国后,不愿同法军协作对德军进行反击。

戈特毕业于伍尔维奇的皇家军事学院,1940年6月25日被任命为国王乔治六世的副官,后又担任直布罗陀总督和马耳他总督。此间,在马耳他这个地中海小岛被轴心国军队围攻时,他展示出了非凡的指挥才能,这也使他在1943年晋升为元帅。第二次世界大战结束时,他担任巴勒斯坦和约旦河两岸事务高级专员。戈特于1946年去世,卒年59岁。

备的部队撤走。"

事实上,从敦刻尔克撤离的盟军几乎丢弃了全部个人装备,重型装备则遗弃在海滩和市内。毕竟,拯救士兵是首要任务。争取时间攸关生死,因为在敦刻尔克周边负责防御的英勇战士们到底能坚持多久谁都不敢断言。

船只在源源不断地驶来,不仅有皇家海军舰艇,还有各种各样的船,甚至包括帆船和小艇。其中许多水手都是平民,他们离开安全的英国,跨海向敦刻尔克发起挑战。在他们中间,有一位叫亚瑟·D.迪万(Arthur D. Divine)的人,他后来回忆道:"那是一支非常怪异、难以名状的船队,舵手是形形色色的英国人,每条小船上通常只有一个人,从来没有超过两个人的。"

> 估计有400艘小船响应了5月27日发出的支援撤离行动的号召。

他接着说:"等我们驶离英国海岸的时候,天已经黑了。风浪不大,但有碎浪足以把人打湿。当驱逐舰全速经过时,会对我们这些小家伙造成很大冲击。我们只能抱定希望,转动舵轮,保持航向,迎着海浪前进。"

由于伯特伦·拉姆齐上将的卓越指挥和精心组织、坦南特上校的敏捷思维和快速反应,以及许多士兵舍己救人的牺牲精神,"发电机行动"进行得非常顺利。

1940年5月28日的黄昏降临了,但人们却看到了一线希望的曙光。救援行动的效果超出了人们最乐观的预期。然而,面对强敌,人们尚不能高枕无忧。

▼ 英国皇家阿尔斯特来福枪团（Royal Ulster Rifles）的士兵划小船驶向在远处等待把他们运回多佛尔的驱逐舰

▼ 1944年的拉姆齐。同年,丘吉尔和乔治国王就谁乘坐皇家海军"贝尔法斯特号"观摩诺曼底登陆一事争执不休。拉姆齐出面调停,他指出,两位都不能去,因为太过危险。于是,丘吉尔和乔治国王都没有登船

关键人物

伯特伦·拉姆齐

经丘吉尔劝说，本已退役的拉姆齐重返战场，
在敦刻尔克撤退中担任关键角色，
成为英国最成功的军事领导人之一。

多佛尔城堡守卫英吉利海峡已有800多年。20世纪30年代末，随着与德国的战争日益临近，英国皇家海军再度认为，位于这座中世纪城堡遗址上的多佛尔指挥中心具有举足轻重的战略意义。因此，1939年8月24日，驻多佛尔海军新任指挥官伯特伦·霍姆·拉姆齐中将的旗帜在旗杆上高高升起。他的主要任务是保护多佛尔海峡上的英国航运往来；当然，他要做的远不只这些。

1883年1月20日，拉姆齐生于伦敦一个有着悠久苏格兰家世的家庭。他很早就展示出独立思考的能力，没有步父亲和兄弟们的后尘参加陆军，而是选择加入了海军。1899年，他成为一名海军学员，随后在皇家海军"新月号"驱逐舰上谋得一职，后来又到革命性的新战舰"无畏号"上服役。

尽管拉姆齐身材瘦小，但他的才智、自信和活力却给人们留下了深刻的印象。他在日益现代化、技术化的皇家海军中茁壮成长。经过海军信号学校的历练后，1913年，拉姆齐就读于朴茨茅斯皇家海军战争学院，一年后以少校身份毕业。第一次世界大战开始时，他重返"无畏号"。

拉姆齐选择留在军中，希望有朝一日自己能亲自指挥军舰，他谢绝了大舰队巡洋舰指挥官副官一职。一切似乎都是命运的安排。倘若拉姆齐接受这一职务，他就会在皇家海军"防御号"上服役，而该舰在日德兰海战中爆炸，近900人丧生。此后，他先后指挥过多佛尔巡逻队的M25浅水重炮舰和"布洛克号"驱逐舰，该驱逐舰参加了第二次奥斯坦德突袭，拉姆齐受到通电嘉奖。

第一次世界大战后，拉姆齐在海岸防御和现役舰艇之间轮换任职，步步高升。1935年，身为海军少将的他被任命为本土舰队司令罗杰·巴

> **1940年5月27日**
> "发电机行动开始"是海军部发出的撤离指令。拉姆齐派出大批商船参与行动，它们主要是海峡渡轮和铁路集装箱船。

▲ 1944年,拉姆齐(后排左二)在伦敦出席盟军空军远征军会议

克豪斯(Roger Backhouse)爵士的参谋长。两人是老相识,但在如何实际管理舰队的问题上却各执一词,巴克豪斯执意集中管理,而拉姆齐却认为授权能让指挥官在海上更有效地指挥。坚持己见的拉姆齐甚至要求解除自己的职务。赋闲、半薪数年后,他被列入退役人员名单。同时,英国皇家海军就他的未来做出了一个决定。

正是温斯顿·丘吉尔成功的游说,才使这位拥有丰富海峡作战经验的退役海军少将重新得到重用。1939年9月,丘吉尔出任英国海军大臣,此时的拉姆齐已经在多佛尔指挥中心就位,晋升

1940年5月31日
拉姆齐派遣包括"莫纳岛号"在内的大量商船参与撤军行动。经过改装的装甲交通艇"莫纳岛号"是记载中第一艘完成多佛尔—敦刻尔克—多佛尔往返撤军任务的船只,它运载了1420名士兵。

海军中将一事已列入议事日程。

1803年,为了防范拿破仑入侵,多佛尔城堡下面的白垩石上挖出了迷宫般的地道,但并未真正派上用场。新上任的拉姆齐立即着手利用它们建立一个现代化、多用途的海军基地。主作战室巨大的桌面上安装有三维地图,可以对舰只动向进行追踪,其他作战辅助设施和无线电机房则位于有走廊连接的地道内。这些休眠已久的地道,很快就昼夜不停地活跃起来。拉姆齐如此迅捷的行动表明,这位57岁的指挥官仍然精力充沛,善于创新。

拉姆齐的地下办公室墙壁雪白,他自己称之

▲ 丘吉尔任命拉姆齐主管多佛尔指挥中心。二人都明白该中心在保卫英吉利海峡方面的战略重要性

> "无论哪条航线，如果英国皇家空军不能让德国空军待在地面，那么所有船只都容易受到空袭。难怪在'发电机行动'开始时，人们没指望撤出的部队能超过4.5万人。"

为"冰屋"。1940年5月19日，他从那里被召回伦敦，参加陆军部的紧急会议。会上，陆军对在法国朝不保夕、岌岌可危的英国远征军的窘境进行了充分说明，并第一次认真讨论了撤离的必要性。拉姆齐中将得知，所有可用船只——无论是海军还是其他船只——都将交由他调遣。一旦撤军，他就是这一行动的牵头组织者。

陆军部会议结束后次日，拉姆齐开始在为多佛尔城堡供应电力的房间即发电机室里着手准备撤军，因此这场大撤退也就叫作"发电机行动"。最初计划从布洛涅、加来和敦刻尔克港三点登船，然而，截至5月23日，前两个港口均遭到德军猛烈攻击。虽说一些部队可以经由布洛涅从海路撤离，但法英军队的顽强抵抗并没能阻止两港在5月26日前落入德军之手。拉姆齐只好孤注一掷，把宝全都押在敦刻尔克上。

当前的问题非常严重。内港在遭受猛烈轰炸后已无法使用，只剩下外港混凝土防波堤和海滩

1940年6月2日
午夜前,随着最后一批英军起航回国,"英国远征军已撤离"的消息不胫而走。此时,仍有许多法军士兵被困在敦刻尔克。拉姆齐向国内发出最后的请求:"我们不能丢下盟友不管……"

▲ 不幸的是,拉姆齐没能活到他为之奋斗的战争胜利的那一天

▲ 诺曼底登陆前夕,伯特伦·拉姆齐海军上将(左)与两栖部队指挥官、美国海军少将约翰·L.霍尔(右)在美国两栖登陆艇上

可以作为登船点。然而,敦刻尔克港附近的浅水区使得拉姆齐的大型运兵舰难以接近上述两个地点。他有驱逐舰、客轮和班轮,但匮乏的是能把部队从海滩摆渡到海上锚泊的大船上的小船。

通往敦刻尔克的航线也充满了艰难险阻。从西走Z航线,距离只有39海里,但救援船只必须靠泊德军占领的法国海岸,极易遭到德军炮火的轰炸;自东走Y航线,虽说比较安全,但距离较远,足有87海里,因此也更加耗时,而且当德军向敦刻尔克东部防线推进时,这条航线也有遭受炮火袭击的危险。最终,通过在雷区中开辟出一条水路,拉姆齐创建了X航线,该线距离55海里。然而,无论哪条航线,如果英国皇家空军不能让德国空军待在地面,那么所有船只都容易受到空袭。难怪在5月27日"发电机行动"开始时,人们没指望撤出的部队能超过4.5万人。

敦刻尔克登船指挥官威廉·乔治·坦南特上

校指挥一艘轮船渡过英吉利海峡,靠泊东防波堤(西防波堤因大火无法靠近),展示了1935年拉姆齐曾主张的放权指挥系统带来的灵活性。尽管这处防波堤绝对不是为靠泊或装载而设计的,但一心想要加快撤离速度的坦南特的这个想法还是奏效了。有了好的开端,坦南特迅速如法炮制,为皇家海军驱逐舰建立了撤军流程。快速、灵活的军舰停靠东防波堤,搭载部队,然后迅速驶往多佛尔,如此这般往复循环。

随着撤离行动的继续,5月29日,英国政府向英国公众发布消息,号召私人船只的船主自愿协助救援。一支数量惊人的"小船舰队"启程前往敦刻尔克。他们在撤离行动中八仙过海,各显神通,或者海滩摆渡,或者横贯海峡,发挥了至关重要的作用。

"发电机行动"一直持续到6月4日。此时,已有33.8万多盟军士兵获救。授权下级并力挺下属是拉姆齐海军指挥思想的精髓,这使他能够与时俱进,驾驭纷繁复杂、瞬息万变的战场局势,掌控规模接近千只的舰队,并不为困难所吓倒。由此,他被授予骑士爵位。

然而,拉姆齐的战争远未结束。他在多佛尔又驻守了两年,以确保一方平安,不受德军入侵。后来,拉姆齐成为盟军登陆北非行动的海军副总指挥,1943年在登陆西西里岛行动期间指挥东部特遣部队。是年晚些时候,拉姆齐被任命为"海王行动"的海军总指挥,指挥盟军在法国北部的诺曼底登陆。在这场有史以来最大规模的海上登陆行动中,拉姆齐的船只在一个月内向该地区运送了100万名盟军。

随着战争接近尾声,1945年1月,拉姆齐上将计划飞往布鲁塞尔开会。飞机在起飞时坠毁,使战功赫赫的他失去了亲眼看到战争结束的机会。

▲ 许多人都把"发电机行动"称为"敦刻尔克奇迹"。这次行动的总指挥是上将伯特伦·拉姆齐爵士

标志性时刻
一艘小船试图从东防波堤上搭救部队。图片背景中一处储油设施正在燃烧,冒出的滚滚浓烟弥漫在敦刻尔克的上空。

全速开赴敦刻尔克

"发电机行动"自始至终充满了危险。尽管损失惨重，德军极力阻挠，但海上撤离仍在继续。

▲ "发电机行动"最初计划营救4.5万人，但最终挽救了34万人的生命

英国皇家海军"榴弹号"英勇参战

在敦刻尔克损失的"榴弹号"是参战的英国现代化驱逐舰的代表

G级驱逐舰"榴弹号"及其姊妹舰于1935年11月12日下水,4个月后服役,是二战期间皇家海军中造型优美的战舰。"榴弹号"于1940年5月29日在敦刻尔克被德军炸弹击中并沉没。在极其短暂的军旅生涯中,"榴弹号"及舰上水兵作战神勇,表现出色。

在敦刻尔克,"榴弹号"执行的是运送获救士兵的非比寻常的任务,但依然展现出了它卓尔不群的本色。全副武装的驱逐舰以速度取胜,极其适合快速行动。在海上,它们能为主力舰护航,监视敌方潜艇和飞机,搭救沉船上的幸存者或被击落溺水的飞行员是其强项。

"榴弹号"排水量1350吨;吃水3.8米,长98.5米,宽10.1米。3台海军汽包锅炉和帕森斯汽轮机可产生34000轴马力,最高航速可达36节。该驱逐舰装备4门4.7英寸火炮、8门12.7毫米机枪、8根533毫米鱼雷管和一系列深水炸弹。战时配员为146名官兵。在敦刻尔克沉没之前,"榴弹号"曾在地中海和挪威海战中服役。

敦刻尔克救援行动一触即发。为撤军船只精心设计的三条航线都各有各的危险。

选定的X、Y和Z航线都曾在战役中的不同时间节点使用过，渡海的人需要内心极为强大，具备钢铁般的意志，有时还得利用浮标和轻型船只作为参照点。X航线于5月29日开通，全长102公里，先是向北，然后自敦刻尔克转向西北，再急转西南方向朝多佛尔进发。一旦海岸线清除干净，X航线一般不会受到敌舰或飞机的攻击，但雷区和浅滩使其不适合夜航。

全长161公里的Y航线是三条航线中最长的，从敦刻尔克向东北蜿蜒而行，然后向西急转弯，再向南转向多佛尔。Y航线与德国潜艇和巡逻机的航线交叉，到多佛尔的航行时间比最直接

大约20万名士兵在东防波堤被船只接走，几乎是从海滩撤离人数的两倍。

▲ "小船舰队"中的每艘小船都满载从敦刻尔克撤离的士兵

的航线、72公里长的Z航线多出4个小时。Z航线从敦刻尔克西行,然后逐渐转向西北到达多佛尔,其中很长一段航程都处在德军在法国海岸线上炮火的射程之内。

英国皇家海军蒙受了沉重的打击。仅5月29日,就有"格拉夫顿号"(Grafton)、"榴弹号"(Grenade)和"清醒号"(Wakeful)3艘驱逐舰被击沉,另有6艘受损,参与行动的6艘商船在港区沉没。当天上午,"清醒号"被德军S-30级鱼雷艇发射的两颗鱼雷命中,舰上640名盟军士兵中只有一人幸免于难,110名船员中只有25人死里逃生。"格拉夫顿号"试图救援"清醒号"时,被德军U-62潜艇发射的一颗鱼雷击中船尾,造成包括舰长在内的15人死亡,"格拉夫顿号"被猛烈的二次爆炸炸得支离破碎。另一艘驱逐舰"艾凡赫号"(Ivanhoe)被炮火击沉。

5月28日至29日晚间,皇家海军"榴弹号"渡过英吉利海峡驶抵敦刻尔克。破晓时分,该驱逐舰遭到德军Ju-87型俯冲轰炸机袭击。在防空炮火的弹雨中,它们呼啸着几乎垂直地俯冲投弹。3枚炸弹炸得驱逐舰大火熊熊,14名水兵当场阵亡,另有4人身负重伤。由于担心驱逐舰可能会在东防波堤沉没,阻碍其他船只的通道,"榴弹号"奉命解缆。

"榴弹号"旁边的"美洲豹号"驱逐舰也被炸弹击中,造成13人死亡,19人受伤。载有600名全副武装士兵的"威弗利号"(Waverley)扫雷艇遭到炸弹袭击后迅速沉没,大约350人丧生。混乱之中,设标船"舒适号"(Comfort)遭到友军舰只的炮击,随后被扫雷艇"利德号"(Lydd)撞击,造成4人死亡。

随波逐流的"榴弹号"漂进港区航道,被拖网渔船"约翰·卡特林号"拖走,闲置在敦刻尔克外港边缘海域,后弹药库发生爆炸,于夜间沉入海中。

尽管预料到海军会蒙受重大牺牲,但损失如此巨大令人震惊,也会让行动难以为继。第二天,海军部下令,最新驱逐舰全部撤离敦刻尔克,只留下18艘一战或更早时期的驱逐舰继续战斗。

▲ 1940年5月31日，英军士兵在多佛尔从一艘驱逐舰下船。右侧士兵拿着一把剑，可能是这场战役的战利品

5月29日，致命的海空对决仍在进行，这一天有47310名盟军士兵安全返抵英国。

压力和毅力

随着敦刻尔克防区不断缩小，英国远征军指挥官戈特勋爵开始担心德军炮火可能会迫使撤离行动中止，但尽管德国空军持续狂轰滥炸，行动还得继续。

在授权船只使用X航线之前，人在肯特的皇家海军行动总指挥伯特伦·拉姆齐上将命令扫雷艇进入该地区，尽可能地排除危险，同时，派出3艘皇家海军驱逐舰试探德军炮火射程，确定其威胁范围，因为它们必然会攻击撤军船只。德国空军俯冲轰炸机攻击了驱逐舰，但没有击中，岸上炮火也微不足道。有鉴于此，5月29日下午，X航线开通。

法国驱逐舰和荷兰船只也参与了撤军行动，从而加快了撤离速度；东防波堤和海滩双管齐下，全都投入使用。英吉利海峡对岸，多佛尔港里一片忙碌。当天，有25艘皇家海军驱逐舰、16艘机动游艇、12艘荷兰平底船、4艘医疗船以及20多艘其他船只搭载着英军有生力量驶进港口。

"发电机行动"期间，许多志愿者水手以坚韧不拔的勇气冒着敌人的炮火参加救援，亚瑟·D.迪万就是他们中的一个代表。"天还没黑，我们就已经能感受到敦刻尔克大火的光亮，"他写道，"飞机开始发射降落伞照明弹，在我们头顶的夜空中高悬着，看上去蛮像初升的月亮。枪炮声一直伴随着我们，随着我们离得越来越近，声音也越来越响……在火光映照下，海滩上黑压压的全都是人，简直就是完美的打击目标，但毫无疑问，浓烟起到了很好的掩护作用。"

"这个场景将永远铭刻在我的记忆深处，"迪万接着写道，"人们疲惫不堪、摇摇晃晃地走过沙丘，穿越海滩，步上浅滩，一头栽进小船里。在炸弹和炮弹激起的水柱中不少人纷纷落水……随着前面的队伍狼狈登舟，后续部队开始涉水前进，海水没过脚踝、膝盖、腰部，直到双肩浸到水里时，才轮到他们上船……负责在海滩和深水中等候的大船之间摆渡的小船，装满了人后活像一个东倒西歪的醉汉……可一队队士兵还在源源不断地沿着沙丘和海滩走过来。"

撤退的煎熬、不断的轰炸，乃至最终的获救，都令英国远征军士兵们苦不堪言。第42东兰开夏步兵师列兵山姆·克肖（Sam Kershaw）

> "随着前面的队伍狼狈登舟，后续部队开始涉水前进，海水逐渐没过脚踝、膝盖和腰部。"

回忆道："我们在法国北部作战时，一支德军装甲纵队追上我们，火力全开。我们躲进战壕，武器装备都弄丢了。当最终摆脱德军时，上司说我们必须去敦刻尔克，在那里等着撤离。"

一路上耗去两天两夜，大部分时间都在步行。"当我们到达那里时，我瘫倒在沙滩上，又累又饿，然后就睡了过去。"克肖说："第二天，我们在附近的沙丘上等了一整天，夜幕降临时，划艇把我们运到皇家海军扫雷艇'翡翠鸟号'（Halcyon）上。我在甲板上睡着了。一觉醒来，我看见多佛尔的白崖就在眼前。"

海上决策

登船行动在海滩和东防波堤两处循环往复地不断进行着，效率极高。生于加拿大的指挥官詹姆斯·坎贝尔·"杰克"·克劳斯顿（James Campbell 'Jack' Clouston）在东防波堤担任码头主管。他执纪严明，有时甚至都用上了左轮手枪。在克劳斯顿的严厉指挥下，600人登船只需20分钟时间。

曾经指挥驱逐舰"艾西斯号"的克劳斯顿临时随同威廉·坦南特上校的海岸防御部队前往敦刻尔克，他的驱逐舰正在修理之中。抵达后不久，坦南特手下的军官们通过洗牌抽签来确定各自在撤离过程中的任务。克劳斯顿抽中了东防波堤，随后便是一连五天五夜镇定自若地履职，几乎没有休息。

6月1日，克劳斯顿返回多佛尔，向拉姆齐上将递送报告。第二天，克劳斯顿和另外30名士兵登上英国皇家空军的两艘交通艇返回敦刻尔克。接近法国海岸时，他们遭到了8架斯图卡飞机的袭击。当他乘坐的交通艇下沉时，克劳斯顿命令另一艘继续前进。由于无人营救，这位东防

伯特伦·拉姆齐上将

负责"发电机行动"计划制订与实施的拉姆齐上将表现出色

1939年第二次世界大战爆发时，海军上将伯特伦·霍姆·拉姆齐爵士退役；然而，他后来重返岗位，负责指挥"发电机行动"，组织敦刻尔克大撤退，又担任地中海地区高级指挥官，从而名垂青史。1944年6月6日，他在登陆西欧的"霸王行动"中担任盟军海军总指挥。

拉姆齐在策划"发电机行动"时面临着巨大的挑战。其中最主要的挑战来自他和下属制订撤离计划的时间很短。1940年5月26日至6月4日，拉姆齐在解读战区自相矛盾的情报中表现出敏锐的洞察力。后来，他直接就这次冒险行动向国王乔治六世做了汇报。由于他在敦刻尔克危机期间的表现，拉姆齐被封为高级巴斯爵士。1945年1月2日，他在法国的一次空难中不幸罹难。

波堤上的英雄死于体温过低。他的艇上只有一人幸存,后来被人从英吉利海峡中救了出来。

尽管坦南特的出色表现毋庸置疑,并继续担任敦刻尔克岸上海军高级指挥官,不过,海军部决定派遣海军少将威廉·弗雷德里克·威克-沃克(William Frederic Wake-Walker)指挥调度法国-比利时海岸线以外的所有船只。5月30日,威克-沃克乘坐"赫柏号"扫雷艇抵达敦刻尔克近海,很快成为"发电机行动"的有力后援。

威克-沃克发现,由于前一天损失惨重,皇家海军的现代化驱逐舰悉数撤回,只剩下15艘老旧驱逐舰归他调遣。于是,他直接向拉姆齐上将提出让新驱逐舰重返敦刻尔克的请求。拉姆齐直接去找海军部,他的意见占了上风。很快,7艘新驱逐舰再度投入战斗。

现代化驱逐舰虽然捉襟见肘,但5月30日证明是迄今为止"发电机行动"收效最大的一天。是日共有53823名英国远征军和法军士兵撤离,其余盟军部队继续向海岸缓慢前进。浓烟滚滚,遮天蔽日,吞噬了海滩和东防波堤,使得德军在一天的大部分时间里都发动不了空袭,7艘老旧驱逐舰趁机每艘搭载1000名士兵,顺利驶向英国。包括两艘旧驱逐舰在内的6艘英国船只遭到德军轰炸,法国驱逐舰"狂风号"(Bourrasque)触上水雷,随后被德军炮火击沉,造成重大人员伤亡。

空中较量

一直以来,英国皇家空军和德国空军都在争夺英吉利海峡的制空权,双方为此都付出了高昂代价。英国救援舰队损失惨重,但在一周激烈的战斗中,德国空军也有数十架飞机被击落。在敦刻尔克空战中,估计德军丧失了132架飞机;然而,许多历史学家认为,这一数字大大低于实际损失。在空战关键时期,英国皇家空军损失的飞机达到令人震惊

▼ 英军沿着码头向敦刻尔克救援船行进

"梅德韦女王号"单螺旋桨轮船往返敦刻尔克7次,救出7000名士兵。

的177架。

在敦刻尔克获救的许多英军士兵都抱怨英国皇家空军的缺位。他们认为，德国战斗机和轰炸机基本上可以随心所欲地狂轰滥炸，由此承受的痛苦是完全可以理解的。当然，他们对皇家空军在"发电机行动"中扮演角色的看法多少有些偏颇。

皇家海军、陆军和平民在敦刻尔克全力救援的同时，皇家空军的任务也同样异常艰巨。法国战役大大削弱了英国在欧洲大陆的空中实力。事实上，由于皇家空军战斗机司令部意识到霍克飓风式战斗机和超级马林喷火式战斗机严重短缺，法国要求增派英国战机的请求被立即驳回。如果德国空军对英国发动全面空袭，抑或出于防范德军入侵英伦三岛的目的，也有必要保有一定数量的战斗机，尤其是现代化的喷火战斗机。

在"发电机行动"中，战斗机司令部确实投入了大量飞机参加敦刻尔克空战。它们在英吉利海峡上空巡逻，以防德国空军突袭满载兵员的船只，并与德国梅塞施密特Me-109和Me-110型战斗机进行缠斗，阻止它们向暴露在海滩上面的部队扫射。皇家空军战斗机还在途中拦截了进攻敦刻尔克的德军轰炸机。在执行这些任务时，最好把敌机引开，尽可能远离海滩和港口，以防斯图卡和海因克尔He-111型飞机投弹。这样的战斗经常发生在高空，超出了饱受煎熬的英国远征军士兵的视听范围。在整个"发电机行动"中，皇家空军共出动飞机4822架次，因此不能视为缺位、无为。

在皇家空军众多的"发电机行动"英雄中，有一位名叫布莱恩·"桑迪"·莱恩（Brian 'Sandy' Lane）的中队长。他是一名勇敢的喷火战斗机飞行员，1936年因工厂倒闭失业的他，进入皇

▲ 1940年5月30日，威廉·弗雷德里克·威克-沃克上将负责指挥法国-比利时海岸以外的所有盟军船只

家空军服役。莱恩在19中队前指挥官被击落后继任指挥，他具有出色的指挥能力。一位队友回忆说："在任何危机情况下，他都镇定自若，语调平静，令人放心，发出的每一个命令似乎都是那么准确。"

莱恩在"发电机行动"中荣获杰出飞行十字勋章，他的上司把他的飞行技术等级定为"优秀"。可惜的是，他没能在战争中幸存下来。1942年12月，在荷兰制空作战时，他遭到德军数架Me-109型战斗机的围攻，从此杳无音讯，这位空中勇士时年25岁。

> 哈罗德·亚历山大将军和奥利弗·利斯将军在地中海战区和意大利战役中都扮演了重要角色。

换防

到5月31日，营救行动已取得巨大进展。和大约5天前高峰时期的人数相比，敦刻尔克周围的英军已减到很少的一部分。随着敦刻尔克防区

越缩越小，其抵御德军攻击的能力也不可避免地大打折扣。英国首相丘吉尔和陆军大臣艾登清醒地认识到，绝不能让戈特勋爵这样的高级军官落入德军魔掌。

5月31日，戈特勋爵、艾伦·布鲁克将军（其对英军地面部队的卓越指挥为"发电机行动"的成功做出了巨大贡献）和英国远征军副参谋长奥利弗·利斯（Oliver Leese）将军撤离。剩下的在法英军由哈罗德·亚历山大（Harold Alexander）将军指挥。

大风吹散了敦刻尔克附近的硝烟和雾霾，德军飞机和大炮又发现了新的攻击目标。海滩暂时对小船关闭。德军地面部队迫使英国守军放弃了位于敦刻尔克海滩最东端的拉帕内（La Panne），防线纵深缩小到只有5公里。尽管危险尚存，但在5月31日，日撤退人数达到了最多的68014人，其中，22942人从海滩撤离，45072人从东防波堤撤走。在5天时间里，有194620人安全返回英国。

这样的成就付出的代价是，5月31日，皇家海军"快车号"（Express）、"伊卡洛斯号"（Icarus）、"基思号"（Keith）和"温切尔西号"（Winchelsea）驱逐舰被德军炸伤，但仍在坚持执行任务。1934年服役的布雷驱逐舰"快车号"甲板上挤满了获救的士兵，在敦刻尔克和多佛尔之间穿梭往来。6月4日"发电机行动"结束时，"快车号"和"猎人号"（Shikari）驱逐舰是最后两艘离开敦刻尔克港的皇家海军舰艇。法国"旋风号"（Cyclone）和"热风号"（Scirocco）驱逐舰遭到德军快速鱼雷艇的鱼雷打击，随后被德军轰炸机击沉，600名士兵和59名水手阵亡。

英国广播公司的伯纳德·斯图姆斯（Bernard Stums）见证了"发电机行动"获救部队在英国登陆的场景。"今天黎明时分，我站在南部海岸一个港口的码头上……只见几艘船迎面驶来，每一艘船上都挤满了疲惫不堪、伤痕累累的饱受战火洗礼的英国军人。拂晓后不久，出现了两艘军舰，其中一艘甲板上挤满了人，沉重地驶向港口。"

"几分钟后，精疲力竭的指挥官指挥军舰靠泊，舷梯从甲板放到码头上，"斯图姆斯接着讲，"获救人员一边登岸，运输官一边清点人数，完全不去管部队、番号甚至国籍问题，因为在佛兰德战役中，法国和比利时士兵曾与英军并肩作战。"

▲ 士兵们会涉水入海，等待依次被拖到船上运回多佛尔

标志性时刻

1940年5月31日,受伤的英军士兵从靠泊多佛尔的驱逐舰上下来。英国海军在遭受重大损失后,撤回大量军舰保家卫国。这张照片拍摄于两天之后。

逃离敦刻尔克

老兵加思·莱特道出了被困在海滩上的感觉，透露自己如何死里逃生，并继续参战。

加思·莱特

生于1919年8月13日，1939年8月至1946年5月在英军服役。已经有了曾孙子的他现在鳏居在普利茅斯。

1939年夏，加思·莱特（Garth Wright）和4个好友一起参军，成为英国皇家炮兵第51轻型防空团153炮兵连的战士。他接受了最基础的军训：有时只拿一把枪进行训练，有人会躲进灌木丛，时不时地举起一个目标，中士会给受训者指点方向。这实际上是加思在1940年被派上战场之前所接受的全部军事训练。1939年至1946年5月期间，他担任炮手和通信员。如今，加思住在普利茅斯，作为英国皇家军团的成员，他积极参与为退伍军人举办的罂粟花募捐（Poppy Appeal），并定期出席敦刻尔克大撤退纪念活动。

宣战时，您在哪里？过了多久您才被派往法国的？

那是一个星期天的早晨，我们正在塔维斯托克市政厅和当地的救世军乐队举行礼拜。11点的时候，他们说要播报一个重要的通告。我记得是老（内维尔）张伯伦。他通过无线电（我们那时候都这么说）讲，已经向希特勒发出最后通牒，如果他不撤出波兰，就会宣布进入战争状态。他说，希特勒没有做出什么保证，因此我们其实已经与德国开战了。那是9月3日11点。一些人欢呼起来，我真不明白他们为什么欢呼，因为当时我就知道这件事一时半会儿结束不了，恐怕要打持久战，事实果然如此。

星期一早上，我们一大群年轻人骑着摩托车去埃文茅斯。炮兵连刚刚搭起一个架子，基本上都是年龄相仿的青年人，准备着要上前线。我们去瑟斯利营地接收汽车、两门

▲ 加思是参加过敦刻尔克战役、卡西诺山战役和不列颠战役的老兵，在整个第二次世界大战期间都在军中服役

"我们炮兵连的三分之一人员是由这些身经百战的'老把式'组成的。后来,我们从埃文茅斯到了法国的圣纳泽尔。"

"你都能看到炮弹从飞机上发射出来,而且根本不用怀疑,它会直接砸到你的炮上。怎么办?撒腿就跑吧,不然还在那儿等死啊?"

炮,还有已经在印度待了21年的预备役士兵。我们炮兵连的三分之一人员是这些身经百战的"老把式"。后来,我们从埃文茅斯到了法国的圣纳泽尔(Saint-Nazaire),在那儿登陆、卸载。

您在法国和敦刻尔克都有过哪些经历?
我们去了里尔附近的塞克兰(Seclin)机场,第一项任务就是保卫机场。(德国人)发动了闪电战,确实有点像闪电的速度,来无影去无

▼ 加思·莱特是在敦刻尔克获救的幸运儿，他随时准备着再次投入战斗

踪的。他们飞快逼近，包围了我们。难民和平民把道路都挤满了。德军Me-109型飞机的扫射和斯图卡飞机的俯冲投弹让情况变得更加糟糕。很多人都没把斯图卡飞机放在眼里，还冲着它撒尿，但说真的，这种飞机太厉害了，可以说是百发百中。飞机对准目标，炮手只需要盯住那条指向地面的细线就行。你都能看到炮弹从飞机上发射出来，而且根本不用怀疑，它会直接砸到你的炮上。怎么办？撒腿就跑吧，不然还在那儿等死啊？太吓人啦。

当我们到达敦刻尔克时，又被包围了。敦刻尔克沙堤上的固定炮全都被直接命中，大家首先要把它们扒拉出来。所以我们像自由人一样到处走动，一刻也不得闲。我们这个纵队由通信员肯·斯蒂芬斯（Ken Stephens）率领。他带领我们进入敦刻尔克的时候，一架斯图卡飞机盯上了他，可怜的老肯被从摩托车上炸了下来，死在路边。接着，一个大胖子、一名中士、一名枪械

▲ 部队会在海滩上挖战壕以防敌人进攻，并在那里等待着撤退

装配工和一名司机陆续随他而去。他们都死了，车帮上的男孩受了重伤。他们的尸体后来都找到了，如今葬在敦刻尔克公墓。

我们继续行动，在海滩上前前后后地忙活，尽量给杰瑞把活儿干好。我们干得还可以。肯死了以后，我们就没有通信员了，所以我接手了这份工作，负责与外围的火炮阵地保持联系。我往返于敦刻尔克司令部和布赖迪讷（Bray-Dunes）附近的火炮阵地，送信送了大约48个小时。后来，我自己挖了个小掩体，也想真刀真枪地一试身手。这时，有人喊需要志愿担架手。他们说别冒冒失失地自己瞎干。不过，我还是很愿意抬担架的。我和另一个伙计抬起一个被炸得肢体不全的可怜小战士，把他送到了防波堤上。被炸的防波堤又重新抢修出来，这样好歹还可以登上泊在那里的"科德林顿号"（Codrington）驱逐舰。我们把小战士抬上

（驱逐舰），然后把他放了下来。正当我想下船上岸时，船长让我留在船上。嗯，我也没和他过多理论，就那样一路上享受着一流的待遇从敦刻尔克回到了多佛尔。我觉得自己无比幸运，总算离开那个鬼地方了。

敦刻尔克用来撤军的"小船舰队"很有名，乘坐海军舰艇撤走就那么好吗？

是的，我很走运。我只是坐在那里，等着接下来发生的一切。他们来找志愿者，我不知道要去干什么，但幸运的是把那个小战士送上了驱逐舰。

您在一战战场上挖过战壕。那是什么感觉？

圣纳泽尔登陆后，我们移师到了梅维尔（Merville）。无论走到哪里，我们都得挖炮位，这是最基本的活儿。我在挖一个火炮掩体的时候，每铲一锹土，都能发现可怕的一战遗留下来的小东西，帽子、徽章、纽扣、小块骨头，什么都有，想起来都令人胆寒啊。我认为梅维尔这个地方在一战时一定打过一场恶战。（有农民）到处挖炮弹和没爆炸的东西，然后放到田边。我还见过一些大家伙，大炮什么的……到处都是。

1940年德国人动手时，打的是一场全新的战争。作为闪电战的被攻击方，您有什么感觉？他们的风驰电掣吓着您了吗？

说不害怕是假。这场战役有点像大人和小孩儿打架。德军在波兰和捷克斯洛伐克战场上有过装甲作战的经验，可以说是来无影去无踪啊。

您说您意识到了德国人在波兰和捷克斯洛伐克的胜利。您认为自己当时准备好抗击德军了吗？

我们没准备好打一场那样的战争，对仍然是

人拽马拉的法国人来讲尤其如此。我们一点也没占到便宜。那才叫闪电战。

熊熊燃烧的敦刻尔克夜晚都能看得很清楚，是真的吗？

嗯，红光照亮了敦刻尔克的夜空。白天，油罐（德国人首要袭击目标之一）冒出的黑烟随风飘散，足有一公里高。德国兵常常从烟雾中钻出来，扑向我们。海滩上可以说是人间地狱。

您能详细谈谈战斗期间海滩上的情景吗？

（德国人的进攻）每半小时一次，准得都可以按照他们的行动对表。过来轰炸的是Me-109型飞机和斯图卡飞机。它们都是白天来，从日出打到日落，晚上没什么行动。吓得我甚至都在想：下一个炸死的就是我吧，既然逃脱不掉，还不如趁早死了算了。我真就是那么想的，太可怕了。

您在海滩上待了多久？

我骑摩托车往返送信的时间有两天两夜，在海滩上待了大约一天一夜。

有一次子弹击中了您的摩托车，是吗？

我是唯一一个能骑车送信的人，其他的骑手都死了。我骑摩托车在敦刻尔克司令部和布赖迪

> **"在前面丁字形路口，一辆卡车经过，车上有党卫军，但没有俘虏。我想我该走了，于是便回到了浓烟笼罩的敦刻尔克。"**

▲ 许多小船把部队摆渡到更大的军舰上，它们被称为"小船舰队"

讷附近的火炮阵地之间往返。我不得不沿着运河走，因为那辆老摩托最高时速也就80公里。开起车来所能做的也就是低头祈祷了。我遇到过两次狙击手，有一次射中了摩托车的车架。

子弹留在摩托车里了吗？

没有，弹飞了，但在车架上能看到弹痕。

您在法国驻扎时有什么故事吗？

我们当时负责守卫机场。有消息说，英国皇家空军已经撤出战斗，喷火式战斗机和飓风式战斗机飞回了英国。闪电战中多亏有它们，我们才逃过一劫。还有传言说，海上漂着很多东西，可以随便拿。我过去一看，果然有成瓶的威士忌、香烟和很多糖果，于是就装了起来。我女儿曾经问我是不是抢来的，我当然没抢，这都是德国人的东西。我把这些东西带回营房的途中，碰上了开车回来的斯蒂芬斯少校，他没事也喜欢喝上一口。当我回到驻地时，看到他也在那里："我想你知道战时抢劫会受到什么样的惩处吧？"我说："这不是抢来的，先生，是捞上来的。"他说："没错，但按我的规矩，那就是抢劫。在那小屋里等着，我去找行刑队。"我紧张地咬着指甲，这时，哈里·罗杰斯（Harry Rogers）上尉走了过来："你抢劫是怎么回事？"我跟他解释了一番，他说："小年轻的千万别做这种事情。"参加过一战的他说这种事情他见多了，也不是头一次——当兵的全都喝得酩酊大醉，德国兵冲进来把他们连窝端——所以最好把酒送到他房间去。

说到威士忌，您在去敦刻尔克的路上受了唯一的一次伤，和威士忌有关吗？

上尉叫我把威士忌送到他房间，威士忌酒箱上有一根扭曲的金属丝，往地上放时划伤了我的大拇指。全是金属丝惹的祸。

那件事之后您做了什么？

我开着卡车去了司令部，路上还被杰瑞搜刮去了一些东西。只剩我一个人的时候，我来到一家咖啡馆，喝了一整瓶酒。我刚坐到咖啡馆的台阶上，狗和孩子们就围了过来。我从所谓的"赃物"中挑出一块巧克力给了一个法国小男孩，他坐到我身旁。突然，在前面丁字路口，一辆卡车经过，车上有党卫军，但没有俘虏。我想我该走了，于是就回到了浓烟笼罩的敦刻尔克。

咱们聊聊德国人，很明显您是在和他们打仗。您个人遇到过德国兵吗？

我对德国鬼子还是偷偷怀有敬意的，但对党卫军不是；不过，我想普通的德国兵就像任何国家的人一样，和我们没有大的分别。在北非登陆后，我们把他们困在沙漠里。在那儿根本没有厕所，你得自己挖，或者干脆跑到灌木丛后面。有一次我脱了裤子在解手，你说巧不巧，一个德国鬼子就挑这个时候跑出来投降。他那辆宝马牌挎斗摩托车真好。我坐上去给他引路。回到营地后我才知道他原来是个屠夫，人非常好。他和我们在一起待了大约一个星期，每天帮厨，后来，收容的人把他们带到了战俘营——要把他们送去俄国——那个德国兵真的哭了。他乞求我们把他留下来，我也禁不住替他掉下了眼泪。他真是个好人。

所以普通的德国人和党卫军不一样——毕竟这是在打仗？

普通的德国人和我们没什么不同。党卫军则另当别论，他们简直就是恶魔。

当您回顾敦刻尔克的时候，德军的出击显然

▲ 英军从敦刻尔克成功撤离，返回英国

非常迅速。您有没有怪罪过你们的指挥官，或者您只是觉得身不由己？

我们的命运都是连在一起的。我们只是没有准备好打上一场那样的战争。

人们都在谈论敦刻尔克奇迹。您有什么看法？您也认为那是个奇迹吗？

我想是的。我们离开是为了再回来作战。虽说只有34万人逃出来，但这些人是英国军队的精锐。现在有一部电视剧《不列颠党卫军》（SS-GB），讲的是假如德国人真的占领了英国，会是个什么样子。反正我觉得会相当的血腥。我想如果没有敦刻尔克奇迹，那就会是等着我们的生活。

说到撤离，"小船舰队"可是大名鼎鼎。您认为它们帮上什么忙了吗？

当时小船多得排成了行。我想："我可不要坐着这样的小船回家。"我只是在战壕里等着，也不知道究竟在等什么。我觉得自己还是等对了。很多人都是坐着小船逃走的。

敦刻尔克谢幕

1940年6月1日至4日，军事史上最大规模的海上撤离行动结束，盟军在惨败中取得了代价高昂但令人瞩目的成功。

数以万计的英国远征军和盟军士兵，从法国沿岸的海滩和敦刻尔克港撤离，平安渡过英吉利海峡，不可思议地回到英国的这一壮举，仍然是人类历史上伟大的战争史诗之一。各种各样的船只——英国皇家海军和法国海军的军舰、小船（有些系英国百姓个人所有），还有荷兰渔船、拖网渔船和比利时、波兰船只——用一个多星期的时间把数十万的军人运送到了安全地带，使他们不致死于非命或在德国集中营里苟且偷生。

这次行动的成功得益于几个因素，包括保卫滩头阵地的英法士兵们的英勇牺牲，皇家海军和皇家空军不屈不挠的顽强抗敌，以及小船上的平民百姓和多佛尔、拉姆斯盖特（Ramsgate）、马盖特（Margate）等接收港工作人员的无私奉献。还有一个最不可能帮忙，但又实实在在出了一份力的人，这个人就是阿道夫·希特勒。德国元帅赫尔曼·戈林夸下海口称只需空军出马便可收拾英国远征军，一心想持久占领法国的希特勒过分听信他的这位最亲密助手，于1940年5月23日叫停了整整一天的推进行动，并下令5月24日至26日装甲部队不准向敦刻尔克的英国守军发动进攻。这一喘息机会令撤军规模扩大，效率倍增，撤出的人数远远超出早前保守的预期。

> 截至6月1日，许多盟军救援船已经在敦刻尔克和英国各港之间进行了至少6次往返航行。

◀ 孩子们冲向从敦刻尔克归来的战士，递给他们香烟和食物以示欢迎

御敌英雄

马库斯·欧文-安德鲁斯上尉因作战英勇而荣膺维多利亚十字勋章

在敦刻尔克防御战中异常勇猛。贝尔格运河（Canal de Bergues）是一条13公里长的水道，把贝尔格内陆地区与敦刻尔克港和英吉利海峡连接起来。1940年6月1日清晨，当德军跨过这条运河时，28岁的欧文-安德鲁斯指挥着一个步兵连，冒着敌人猛烈的炮火，迅速给予了还击。

当敌人步步紧逼时，欧文-安德鲁斯要不怕死的跟他上。他带着几个战士，爬上了谷仓。占据有利位置后，这一小队战士用步枪击毙了17名德军士兵，然后用布伦式轻机枪又射杀了更多的德军。谷仓着火时，他命令伤兵撤退，自己亲自指挥其余8个人负责掩护。

欧文-安德鲁斯晋升了中校军衔，成为二战中最后一个获得维多利亚十字勋章的爱尔兰人。战后他回到爱尔兰，但爱尔兰共和军强迫他离开自己的祖国。他在康沃尔安家，1995年去世，享年83岁。

▼ 成群结队的人登上"发电机行动"的救援船只

截至1940年6月1日，在敦刻尔克岸上的高级海军军官、皇家海军上尉威廉·乔治·坦南特的指挥下，"发电机行动"已经轰轰烈烈、夜以继日地进行了5天。尽管如此，士兵们还是源源不断，越过沙丘，走过海滩，等在水里，或蹒跚着走向东防波堤，登上五花八门、拥挤不堪的船只。在接下来度日如年的72小时里，撤军行动达到了高潮。

威克－沃克的担忧

6月1日上午，负责指挥法国-比利时海岸外作业船只的海军少将威廉·弗雷德里克·威克-沃克，站在"基思号"驱逐舰的舰桥上。此刻的他忧心如焚：他得考虑如何把英国远征军指挥官戈特勋爵从欧洲大陆安全撤回英国，还得兼顾保持连续撤军的速度。戈特勋爵凌晨乘"基思号"

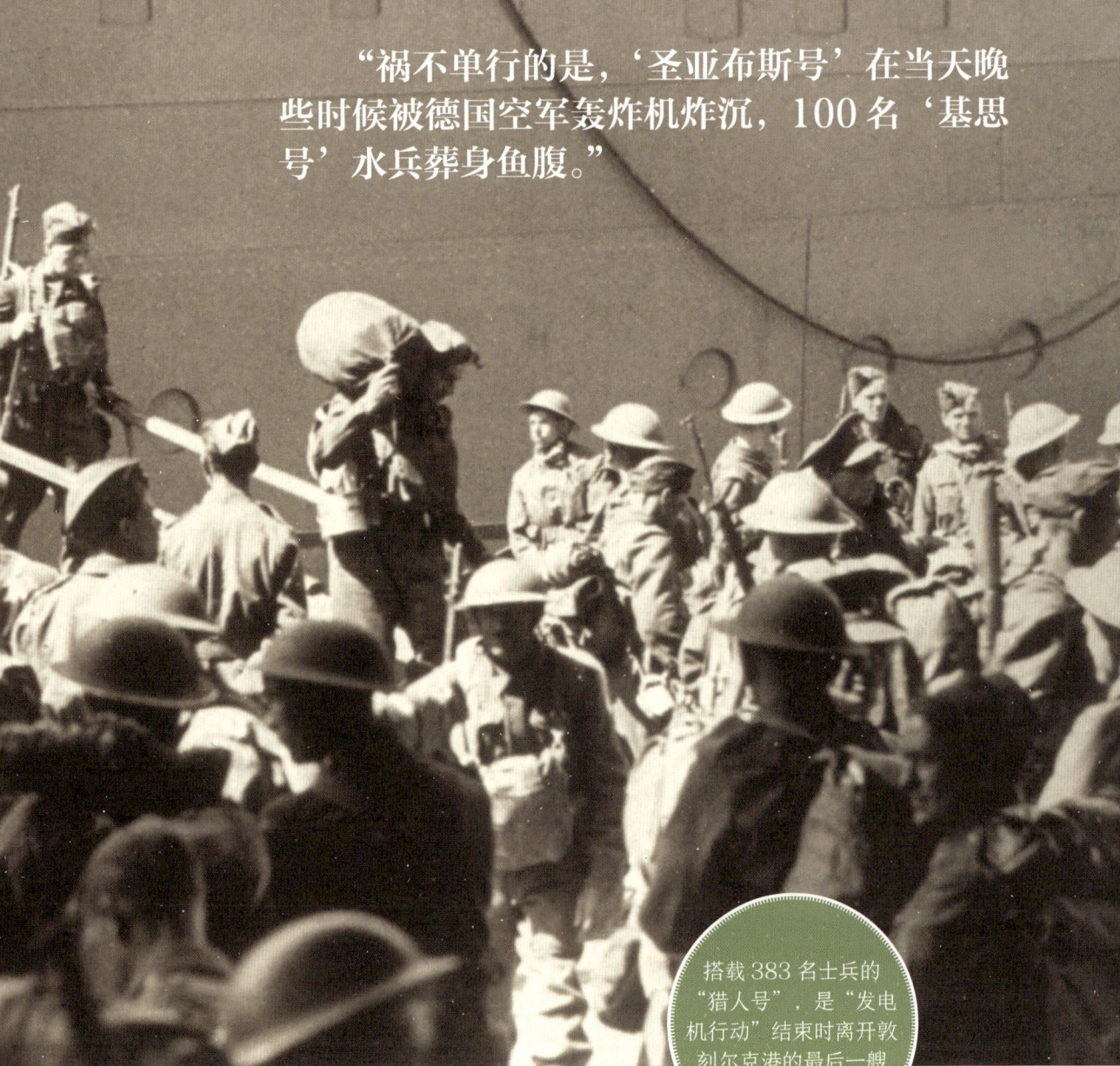

"祸不单行的是,'圣亚布斯号'在当天晚些时候被德国空军轰炸机炸沉,100名'基思号'水兵葬身鱼腹。"

> 搭载383名士兵的"猎人号",是"发电机行动"结束时离开敦刻尔克港的最后一艘船。

离开,当天晚些时候抵达伦敦。

数日前在保卫布洛涅的战斗中,"基思号"在炮击敌军炮兵阵地时,舰长辛普森上尉遭迫击炮和小型武器袭击身亡。6月1日上午,"基思号"归伯森上尉指挥。此前一天,他组织炮火对敦刻尔克周围的德军炮兵阵地实施了精准打击。

戈特走后,威克-沃克转而忙于其他事务,但遭到德国空军的骚扰。日出后,几架敌机出现在远处,向海滩上疯狂扫射。士兵们分散寻找掩体,当迫在眉睫的威胁过去后,一切又回归到原有的秩序。早上8时,"基思号"打退了德军俯冲轰炸机的一次袭击,但很快斯图卡飞机就前来复仇。

德国空军4列约60架鸥翼斯图卡俯冲轰炸机多点垂直轰炸。打击目标"基思号"上的水兵伊恩·尼瑟科特(Ian Nethercott)怀着既敬畏又恐惧的奇怪心情注视着:"我突然看到一架斯图卡飞机出现在舰桥上方——眼瞅着就要碰到它了——一颗巨人的黄色炸弹从弹头上掉了下来，好家伙，足有一千磅啊……我们急速右满舵，因为弹着点在左舷方向。炸弹最终虽没落到舰上，但把左舷炸瘪了一块。"

当水兵们用2磅高射炮和任何能对空射击的武器猛烈还击时，另一颗炸弹在"基思号"船尾附近爆炸，舵轮被卡住，舰身直打转。第三颗炸弹直接投进舰上的第二个烟囱，在二号锅炉房爆炸，摧毁了舰上的一切动力，附近的人全部牺牲。"基思号"被迫抛锚，全体官兵奉命弃船。

威克-沃克上将暂时将快速机动鱼雷艇MTB-102定为旗舰，该艇很可能是历史上充当作战旗舰的最小皇家海军舰艇。鉴于"基思号"已经不可挽救，抵近的海军拖船"圣亚布斯号"试图解救130名幸存者，其中包括仍在舰上的戈特的几名参谋。这时，已经有36名水兵死亡。祸不单行的是，"圣亚布斯号"在当天晚些时候被德国空军轰炸机炸沉，100名"基思号"水兵葬身鱼腹。

在血雨腥风的6月1日，英国皇家海军损失的远非只有"基思号"。"巴斯利斯克号"（Basilisk）驱逐舰沉没，9名水兵丧生。"哈文特号"（Havant）驱逐舰机舱被命中两弹，另一颗则在龙骨下方爆炸，炸死8名船员和至少25名在甲板上的士兵。"哈文特号"被彻底炸毁，扫雷艇"索尔塔什号"（Saltash）将舰上的船员带走，随后凿沉了燃烧的船体。

扫雷艇"飞鱼号"（Skipjack）搭载了275名士兵。10架容克88型双引擎轰炸机冲进来，向这艘小艇投下3枚炸弹。早上9时前，"飞鱼号"倾覆，在海上漂浮了20分钟后沉入港区，艇上许多士兵被困在船体下面。他们中的大多数人和19名水手一起遇难。据称德军飞机对水中幸存者进行了扫射。

中午，在距敦刻尔克3公里的地方，法国驱逐舰"闪电号"（Foudroyant）遭到斯图卡和海因克尔He-111级轰炸机的袭击。3枚250公斤重的炸弹击中了这艘船，炸断了它的龙骨。"闪电号"翻滚后沉没，19名船员丧生。所幸由于"闪电号"正在前往敦刻尔克的途中，甲板上并没有挤满撤退的士兵。

小船

上午的这些损失令人震惊。下午1时45分，"发电机行动"总指挥伯特伦·拉姆齐上将命令所有驱逐舰撤出战斗。令人难以置信的是，6月1日，共有64429名士兵撤离，其中包括东防波堤上的47081名士兵和海滩上的17348名士兵。索伦特海峡轮船公司的"惠平汉姆号"一艘船就撤离了2700人。在那个令人揪心的星期六，冲滩小船平均每小时就从一英里（约1.6公里）盟军控制的海滩上救出280人。

多佛尔港主要靠泊大型船只，而小船则忙着进出马盖特、拉姆斯盖特等地。6月1日上午，仅拉姆斯盖特就接收了24艘小船，船上有4356名撤离人员。当"发电机行动"结束时，共有4.3万余名获救的士兵在拉姆斯盖特登陆。

据估计，参加这次海上大营救的盟军船只，高峰时数量达到900艘。另据其他渠道的消息，其中600多艘属于传说中的"小船"。

戈特报告

当拉姆齐上将向在敦刻尔克身陷重围的皇家海军驱逐舰和其他军舰发出召回令时，戈特勋爵抵达了伦敦唐宁街10号首相府。丘吉尔对戈特的全身而退和正在成功进行的撤离行动表示祝贺，因为此次撤离拯救了英国军队的精锐，以利再战。

"泰坦尼克号"二副处境危险

命运多舛的"泰坦尼克号"前二副驾驶他的小船去了敦刻尔克

1912年4月15日,皇家邮轮"泰坦尼克号"沉没,二副查尔斯·H.莱托勒(Charles H. Lightoller)幸免于难。28年后的1940年,在营救盟军的史诗般的敦刻尔克"发电机行动"中,莱托勒驾驶他的私人游艇"夕阳号"(长仅16米)出海。6月1日傍晚,莱托勒给那些挤上"夕阳号"的人发出指令:"传话,大家都躺下来别动,甲板上的人也一样。"他回忆道:"等船上上来的人大概有50个的时候,我明显感觉到船快吃不住劲了,所以不能再上了。其实呢,我们船上有130个人!"

莱托勒和"夕阳号"在敦刻尔克逃过一劫。这位勇敢的海员于1952年去世,享年78岁。"夕阳号"于1990年修复,现陈列在拉姆斯盖特皇家港口附近的海事博物馆。

在随后的45分钟里,戈特详细汇报了英国远征军的撤离行动。前首相张伯伦后来对这次会议做了如下记载:"戈特今天早上回来,向我们讲述了整个行动惊心动魄的经过。似乎没有法国人不犯的错误。"

当然,法国战役仍在进行之中,下文将对指挥官和部队表现进行全面深入的评估。不过必须承认的是,当时的法国军队,特别是16军,英勇作战,守住了敦刻尔克防线。以5月29日至6月4日这段时间为例,第12机械化步兵师8000名战士奉命投入战斗,"不惜任何代价,坚守到最后一个人。人在阵地在。这是关乎生死存亡的关键一仗"。

随着救援行动的进展,饱受诟病的法国政府开始担心英军实际撤离人数远远超过法军。在早些时候的一次会议上,总理保罗·雷诺和英国首相丘吉尔已经就此进行过讨论。

6月2日,英国远征军只剩下大约4000名殿后士兵,而法军却有大量士兵滞留在敦刻尔克海岸。6月1日的惨重损失迫使拉姆齐上将在早上7时暂停所有救援行动,希望在天黑后恢复。6月2日第一道曙光初现时结束"发电机行动"的计划被取消,撤离的时间窗口还将至少再开放24小时。

6月2日,英国远征军主力已经离开法国,共有26256人从海滩和东防波堤上撤走。当天,剩下的英军士兵从法军防区中撤了出来。随后,奋力抵抗德军的法国部队开始了自身的撤退行动。

6月2日是个星期日,一位英国随军牧师在海滩上主持礼拜,包括圣餐礼。德军飞机飞临进行轰炸和扫射,仪式被迫中断了5次,但无畏的牧师一直坚持到最后。

势均力敌

在"发电机行动"中,英国皇家空军飞行员出动数千架次,尽量把德国空军的飞机从海滩和敦刻尔克港引开。6月2日太阳升起时,喷火式战斗机和飓风式战斗机在英国南部机场升空,开始黎明巡逻。在飞越英吉利海峡沿岸的上空时,他们并没有发现德军飞机,大多数飞行员一炮未发便回家吃早饭了。

▼ 一列英国远征军专列抵达伦敦，满载着从敦刻尔克获救的士兵，回家的喜悦之情溢于言表

> 当英国远征军撤离敦刻尔克时，50万吨弹药和其他各种补给都落入德军之手。

不久之后，66、92、266和611中队的飞行员，驾驶多达50架英国皇家空军战斗机，又回到了空中。23岁的飞行中尉罗伯特·斯坦福·塔克（Robert Stanford Tuck）是这次大规模行动的长机。早8时许，他向3架海因克尔He-111型轰炸机发起了攻击。

突然，不知从什么地方冒出来几架德国梅塞施密特Me-109型战斗机，朝年轻的飞行员直扑过来。机枪子弹击中了他的喷火式战斗机尾部，但是斯坦福·塔克扭转了败局，失控的敌机打着转坠向地面。接着，他又掉转机头，向一架He-111型轰炸机猛烈射击，眼看着机组人员跳伞逃生。在和Me-109型飞机短兵相接的搏斗中，斯坦福·塔克击伤了两架敌机。不到一个小时，他就平安地返回了自己的主场——皇家空军马特尔舍姆基地。

那天上午，英国皇家空军共击落14架、击伤21架德国空军飞机。然而，斯坦福·塔克他们也遭受了巨大损失。5名飞行员阵亡，另有5人

▲ 丘吉尔标志性的"V"字手势

被击中后跳伞逃生，其中一人被俘。有两名阵亡的飞行员才20岁出头，他们是第611西兰开夏中队的肯·克朗普顿（Ken Crompton）和唐纳德·利特尔（Donald Little），他们都是新婚宴尔。

当她们的丈夫在敦刻尔克空战中为国捐躯时，克朗普顿和利特尔各自19岁的新娘正在参加中队长为那些失去丈夫的军嫂们举办的早餐会。大家都在黯然神伤地喝着香槟，这时有消息传来，她们俩也成了寡妇。

在"发电机行动"中成功获救的盟军战士中，约14万人是法国士兵。

最后时刻

6月2日靠近中午的时候，拉姆齐上将发出信号："今晚将进行最后一次撤离，全国人民都期盼着海军能善始善终。"在夜色掩护下，英国远征军殿后部队最后一名战士登船，离开了十面埋伏的法国海岸。由于指挥和运输问题，在德军步步紧逼的情况下，多达两万名预期到达撤离区的法军士兵并未能到达现场。

半夜11时30分，拉姆齐收到消息："英国远征军已经撤离，正在返回途中。"

坦南特用大喇叭向可能落下的英军士兵喊话。这时的他终于松了一口气，任务总算圆满完成。6月3日上午10时50分，他用无线电通知拉姆齐："行动结束，返回多佛尔。"实际上，这时在法国仍有10多万英军，其中包括第51高地师。他们被派去增援马其诺防线的法国守军，归法国人指挥，最终向德国人缴械投降。

丘吉尔首相依然关心着仍在敦刻尔克的大量法国军队。随着最后一批英国远征军士兵登船，德国人已经推进到离港口不到3公里的地方。6月3日晚，皇家海军返回敦刻尔克，又将26746名士兵带离险境；尽管如此，仍有数以万计的法国士兵落在岸上。

当晚10时15分许，驱逐舰"威特赛德号"（Whitsed）牵头进行了最后一次撤军。任务于6月4日凌晨结束，又有26175名士兵获救，其中大部分是法国人。"发电机行动"于当天下午2时23分正式结束。

6月4日上午10时后不久，德军陆续进入敦刻尔克，包围了大约4万名投降的法军士兵。敦刻尔克尸横遍地，仅英军就有68111人阵亡、负伤或被俘。2000多门大炮和6万辆汽车被遗弃，至少240艘船被击沉，其中包括6艘英国皇家海军和3艘法国海军的驱逐舰。

1940年6月5日，希特勒扬扬自得地宣称："西线的士兵们！敦刻尔克已经陷落……世界历史上最伟大的战役也就此结束。我的士兵们！我对你们充满了信心。"

然而，338226名英法士兵已经逃脱了纳粹的魔爪。许多法军战士在数日内又毅然回国，参加了法国投降前的最后战斗。尽管失败的阴影笼罩着"发电机行动"，但它仍被贴上了"胜利"的标签。

虽然丘吉尔对"发电机行动"出乎预料的壮举感到暗自欣喜，但6月4日他在下院却表现得十分坦率。那次演讲也成了英国历史上最激动人心的演讲之一。他提醒大家，德国军队"像一把锋利的镰刀"，横扫法国和比利时。他告诫说："我们必须戒骄戒躁，别把这场拯救行动涂抹上任何胜利的色彩。战争从来就不是靠撤退赢得的。"

丘吉尔坚定地表示，德国入侵的可能性是真实存在的，但英国人会抵抗到底，直至取得最终的胜利。"我们将战斗到底，"他缓慢而庄重地说，"我们将在法国作战，我们将在海上作战，我们将在空中以日益增长的信心和实力作战。我

"又有 26175 名士兵获救,其中大部分是法国人。'发电机行动'于当天下午 2 时 23 分正式结束。"

们要保卫我们的岛屿,无论付出什么样的代价。我们将在海滩战斗,我们将在登陆场战斗,我们将在田野和街道上战斗,我们将在山岳上战斗,我们决不投降。"

5年后,第二次世界大战胜利。这条漫长的凯旋之路的确充满了艰难险阻,但可以肯定地讲,它始于敦刻尔克的"光荣失败"。

▼ 从敦刻尔克撤回英国的英国远征军士兵

标志性时刻
一群撤离的士兵（其中一人戴着缴获的德军头盔）在伦敦艾迪生路火车站，享受着由急救护士队（FANY）提供的茶和三明治。

▲ 作为在德军服役多年的高级军官，格德·冯·伦德施泰特赢得了阿道夫·希特勒的尊敬

关键人物

格德·冯·伦德施泰特

1938年，戎马半生的冯·伦德施泰特在轻松占领苏台德地区后退役，随后第二次世界大战爆发。

围绕敦刻尔克，人们做出过许多决策，但很少有比"希特勒命令装甲部队停止前进"的决定更令人唏嘘的。其实，虽然这一命令得到了元首希特勒的批准，但根本就不是他的主意。始作俑者是一名退役职业军人，新近应召重返部队的格德·冯·伦德施泰特。

1875年12月12日，卡尔·鲁道夫·格德·冯·伦德施泰特出生于德意志帝国的阿舍斯莱本，是普鲁士贵族骑兵军官的儿子。1892年，他以学员身份参军，由于表现出色，1903年被德国陆军柏林军事学院录取。1907年，修完学业的他脱颖而出，进入陆军总参谋部服役。

1909年，冯·伦德施泰特晋升上尉，在第一次世界大战爆发时担任第22步兵师参谋长。作为参谋的他，基本上不在战争前线出生入死，却也见证了一些军事行动，特别是在东部前线。尽管如此，他还是获得了一级铁十字勋章，战争结束时已经成为少校，是仍被允许留在精简整编后的德国国防军中的少数军官之一。

后来，在第二次世界大战后的纽伦堡大审判中，冯·伦德施泰特作为证人做证说，军官们并不介入政治讨论或辩论。他认为，军队的作用不是干涉政治，而是支持政府。在20世纪20和30年代德国动荡时期，他的这一立场令他受益匪浅，因为在那段两次大战之间的岁月，冯·伦德施泰特在军中的地位稳步攀升。1933年当希特勒出任德国总理时，身为中将的冯·伦德施泰特已然跻身军队上层。

希特勒的强军图谋赢得了冯·伦德施泰特的赞同；希特勒与《凡尔赛条约》背道而驰，重启军备的行径也得到了冯·伦德施泰特的支持。从军事角度来看，伦德施泰特这个资深军官对希特勒吞并捷克斯洛伐克地区的计划并没有那么热衷，但同时他又坚决拒绝与试图挑战希特勒的军官为伍。结果，冯·伦德施泰特在1938年亲自率领第二集团军挺进苏台德，在毫无抵抗的情况下占领了该地区。

不久，年近63岁、健康状况不佳的冯·伦

▲ 1934年，冯·伦德施泰特（左）在柏林出席悼念仪式

1939年9月1日
冯·伦德施泰特重返部队，率领南方集团军群入侵波兰。在这一岗位上的他致力为恢复德国荣光而战，甚至不惜挑起第二次世界大战。

德施泰特退役。希特勒授予他第18步兵团上校的荣誉军衔。然而，老兵不会就这样无声无息地隐退。1939年春，随着东侵波兰计划的出笼，退役赋闲的冯·伦德施泰特被召回指挥南方集团军群入侵波兰。闪电战战术令波兰迅速屈服。苏联在与德国达成互不侵犯秘密条约后，也占领了波兰的土地。

在波兰战役中，冯·伦德施泰特的参谋长是埃里希·冯·曼施坦因中将。在制订西线作战计划时，冯·伦德施泰特支持曼施坦因的想法。他的参谋长建议入侵荷兰和比利时，把法国和英国军队引到东北部；与此同时，大型装甲部队通过阿登地区发动第二次闪击，如果完成得足够快，便可越过默兹河，切入法国领土，把抵御第一次进攻的盟军团团围住。在获得冯·伦德施泰特的同意后，希特勒最终采纳了曼施坦因的计划。

向阿登地区开拔的A集团军群的指挥权交给了冯·伦德施泰特。1940年5月10日进攻开始，到5月14日，装甲部队已经渡过了默兹河，突破了法国空虚的防线。他们没有做丝毫停顿，海因茨·古德里安部队甚至都没有等待步兵部队的跟进，而是一路冲锋陷阵，直插海岸。他们的进攻如此神速，连德国人自己都感到有些惶恐不安。由于担心前锋部队的侧翼可能遭到反击，5月16日，冯·伦德施泰特命令冲锋在前的坦克停止前进。不过，信心十足的古德里安找到了继续前进的方法，4天后，他推进到英吉利海峡，将在法国的盟军一分为二。

5月21日，盟军在阿拉斯发起了一次勇猛的侧翼反击，最初的确对深入法国的德军先头装甲部队构成了分割的威胁，但一旦德军集结起来，最终还是功亏一篑。然而，至关重要的是，德军最高统帅部被迫做出了反应。一些挺进部队被火速召集回来帮助稳定阿拉斯的局势,而冯·伦德施泰特在接到野战将领放慢推进以便步兵赶上"快速部队"的要求后,于5月24日下令装甲部队停止前进。冯·伦德施泰特还考虑到,这样的暂停能让消耗过大的装甲部队得到喘息的机会,把修复的车辆补充到前线。

希特勒到访了冯·伦德施泰特在法国沙勒维尔(Charleville)的指挥部,他们探讨了对付敦刻尔克一带盟军的最佳策略。希特勒认为,在法国后期的战斗中,虽有德国空军参战,但保有装甲部队至关重要。因此,独裁者希特勒完全赞同冯·伦德施泰特的暂停建议,并亲自签发命令以示支持。

由于直到5月26日对被困盟军西部和南部侧翼的进攻才再度开始,盟军获得了组织防御和撤离的宝贵时间。许多人认为,德军中止前进是整个战役中的关键时刻,超过33万盟军由此得以逃走。战争结束时,冯·伦德施泰特在回忆录中把这一错误完全归咎于希特勒,这未免言过其实,因为身为将军的他——出于合理和可以理解的原因——当时已经叫停了部队。

随着法国签署停战协定,法国战役于6月22日结束。不到一个月后,冯·伦德施泰特晋升元帅,奉命督战拟入侵英国的"海狮行动"。不过,由于德国空军未能击败英国皇家空军,这项行动被迫放弃。接下来,当希特勒撕毁与斯大林达成的互不侵犯条约时,冯·伦德施泰特领命东进参加入侵苏联的"巴巴罗萨行动",他指挥南部集团军群横扫乌克兰。1941年9月,基辅被攻克;10月和11月,哈尔科夫和罗斯托夫相继沦陷。然而,冯·伦德施泰特率军向罗斯托夫推进时心脏病发作。这时,严冬已经开始来袭。

由于天气恶化,补给紧张,冯·伦德施泰特主张停止前进,但希特勒断然拒绝。面对苏军在罗斯托夫的英勇反击,冯·伦德施泰特要打退堂

▲ 1941年,冯·伦德施泰特(左)和独裁者墨索里尼(中)、希特勒(右)在东线

> "许多人认为,德军中止前进是整个战役中的关键时刻,超过33万盟军由此得以逃走。战争结束时,冯·伦德施泰特在回忆录中把这一错误完全归咎于希特勒。"

鼓,但再次遭到元首的否定。固执己见的冯·伦德施泰特建议,如果元首对他失去信任,那还不如另请高明。希特勒这次同意了。于是,冯·伦德施泰特成为二战期间第一个被撤职的德军高级将领。

1942年3月,当需要替换在法国的指挥官埃尔温·冯·维茨莱本时,希特勒重新任命了冯·伦德施泰特。冯·伦德施泰特的任务是负责防守德军西部战线。同年8月,他指挥德军击退了盟军对迪耶普的突袭。然而,1944年的诺曼底登陆,情形却相去甚远。当盟军显然无法被遏制时,他开始为和平倡议进行游说,很快就再次被革职。

1944年7月希特勒刺杀未遂事件发生后,被视为忠诚、可靠的冯·伦德施泰特第三次被召回。尽管如此,第二年春天,当他再次建议和谈时,还是遭到了最后的罢黜。1945年5月,他被美军俘虏。

包括艾森豪威尔将军在内的一些人都认为,冯·伦德施泰特是德军最有能力的指挥官之一,而其他人则试图让他因在东线犯下的战争罪受审。虽然被囚禁数年,但由于健康恶化和年事已高,冯·伦德施泰特最终还是逃过了审判。作为自由人,他一直活到1953年。

> **1940年5月21日**
> 装甲部队指挥官隆美尔报告说,他在阿拉斯遭到"数百辆敌人坦克"的攻击。这一夸张的说法引起了包括冯·伦德施泰特在内的德军高层的注意。

▲ 从左至右:埃尔温·隆美尔、冯·伦德施泰特、阿尔弗雷德·高泽

▼ 冯·伦德施泰特毕生致力于为德国军队服务，尽其所能保护部下，即使遭到废黜也在所不惜

1940 年 5 月 24 日
装甲部队停止前进的重要命令是以希特勒的名义发布的，但始作俑者却是冯·伦德施泰特。他的初衷是使一路推进的部队得到休整，却无意中让盟军开始了敦刻尔克大撤退行动。

英国皇家海军的角色

英国在法国的军事努力遭到挫败，但英勇的皇家海军把远征军带回了家。

"及至海军部下令撤离时,危机形势已刻不容缓,估计只能救走4.5万名士兵。"

就其实施效果而言,"发电机行动"堪称大师的神来之笔。这其中固然有事前海军部的周密策划,但它的成功离不开有关人员的主动精神和敏捷思维。当然,海军部不应为准备工作不够充分而承担任何责任——德国对西线进攻的"黄色方案"执行得如此迅速,连整个欧洲都措手不及。

的确,直到5月19日,也就是"发电机行动"实施的前一周,英国军方才开始认真讨论从法国撤出英国远征军的问题;即使到了5月24日,英国远征军是否需要救援和回国仍然不甚明了。及至海军部下令撤离时,危机形势已刻不容缓,在德军逼近并控制局势之前的两天时间里,估计只能救走4.5万名士兵。

▲ 肖勒姆级单桅船"拜德福德号"船尾炸掉后被拖回多佛尔

事实上,到"发电机行动"结束时,已经有33.8万余人在长达9天的撤退中返回英国。皇家海军舰艇、商船和私人船只组成的无敌舰队完成了一件几乎不可能完成的任务。

最初的形势十分不利。伯特伦·拉姆齐中将震惊地发现,他只有40艘驱逐舰可供调遣,其中一艘还是波兰军舰"闪电号"(Błyskawica)。按现代标准来看,这规模似乎不算小,但它只相当于当时皇家海军驱逐舰总数的五分之一,其他大量的驱逐舰已经投入北海、大西洋护航队、地中海和远东地区的行动。

驱逐舰是撤离行动的关键。它们虽称不上理想的运兵舰,但速度和机动性使其不易成为德军海空攻击的目标。它们的火力也很有效,在拦截敌机方面尤其如此。

除驱逐舰外,拉姆齐可用的还有38艘扫雷艇、61艘扫雷船、"加尔各答号"(Calcutta)防空巡洋舰、18艘反潜拖网船、6艘护卫舰、1艘单桅帆船、7艘医疗船(由渡轮改装)和其他79艘小型船只,包括机动鱼雷艇和炮艇。

此外,还有法国、比利时和荷兰船只,以及一批商船和私人船只(见第127页)。在拉姆齐指挥下,共有800余艘军舰、商船和私人船只参与了"发电机行动"。

一旦行动启动,拉姆齐便全力以赴地开始组织、筹备,如向从未横渡过英吉利海峡的船只发放海图等。5月27日,坦南特上校乘坐"狼犬号"驱逐舰前往敦刻尔克,充当拉姆齐的岸上耳目。晚7时,刚刚抵达的坦南特便开始行使高级海军军官的职责。

撤离开始

第一天,拉姆齐派出了9艘驱逐舰、"加尔各答号"防空巡洋舰和4艘扫雷艇,所有舰只都奉命尽可能靠近海滩锚泊,然后用小船把士兵摆渡回舰。虽然海军舰艇很快就遇到了麻烦,但这是对已经投入使用的商船的极大补充。

纳粹德国海军的袭击

敦刻尔克大撤退受到了来自海上、陆地和空中的威胁

5月29日午夜过后不久,德国海军在同参与敦刻尔克救援的英国驱逐舰较量中,取得了仅有的两场胜利。第一场胜利是由德国海军快速攻击艇之一的S鱼雷快艇操刀,这种快艇主要用来攻击近海水域航船。初次攻击发生在0时45分许,S-30艇向载有650名士兵自布雷海滩返航的"清醒号"驱逐舰发射了两颗鱼雷。

该舰指挥官费希尔采取了规避行动,第一颗鱼雷没有击中,第二颗击中了前置锅炉房,舰体被炸成两截,15秒不到便分别沉入大海。在舱内酣睡的士兵们也随舰沉没,只有一名士兵和包括费希尔在内的少数水兵逃过一劫。他们漂浮在舰桥上方,被拖网船"舒适号"救起。

其他一些拖网船和扫雷艇也赶到现场,并启动了救援程序。凌晨2时20分许,"格拉夫顿号"驱逐舰到达出事海域,由指挥官罗宾逊统一指挥搜救行动。随后,正当"舒适号"向"格拉夫顿号"靠拢,以便费希尔能及时向罗宾逊预警鱼雷危险时,德国U-62潜艇杀将出来,炸掉了"格拉夫顿号"的尾舵,致使舰尾破裂,不过,"格拉夫顿号"还是设法保持住了舰身的平衡。

混乱之际,"格拉夫顿号"和"莱德号"扫雷艇朝"舒适号"开火,用机枪将其切成了两半。士兵们逃上其他船只后,"艾凡赫号"驱逐舰用3枚炮弹击沉了"格拉夫顿号"。"格拉夫顿号"失事后,所有驱逐舰奉命不准停下来救助遇险船只。

▲ 在敦刻尔克大撤退中,"清醒号"是唯一一艘被S鱼雷快艇击沉的驱逐舰

低潮时,这些大船只能抵近离海岸1.6公里远的海域,这意味着划船到岸得花上20分钟的时间;而且小船一次只能搭载25个人,最多可搭载1000名士兵的驱逐舰,上满乘员至少需要6个小时。如此缓慢行动只运走了7669名士兵。5月27日晚10时许,坦南特意识到了这一问题,他指挥一艘运输船驶向伸入大海487米的东防波堤。实践证明,这一举措堪称神来之笔。从这一刻起,东防波堤成了撤离行动生死攸关之地。

5月28日凌晨,皇家海军集中优势兵力,派出了"格拉夫顿号"、"灰狗号"(Greyhound)、"冲动号"(Impulsive)和"清醒号"驱逐舰。"清醒号"在离开多佛尔前卸载了6吨鱼雷和100枚深水炸弹,以减轻荷载,尽可能多地载人回国。抵达敦刻尔克后,"清醒号"靠泊东防波堤,搭载600人后启程返英(关于它的命运,请参阅下文)。

随着上午时间的推移,"麦凯号"(Mackay)驱逐舰自爱尔兰海抵达敦刻尔克。它也像"清醒号"一样,在大约一小时内从东防波堤上搭载了600名士兵,然后把泊位让给了"蒙特罗斯号"(Montrose)。"伍斯特号"(Worcester)和"安东尼号"(Anthony)驱逐舰很快加入了救援行动。从哈里奇(Harwich)、多佛尔和唐斯(Downs)起航的还有19艘扫雷艇,其中5艘于晚9时半抵达布雷海滩(Bray Beach),4艘抵达拉帕内;9时40分,又有3艘赶来。

下午，执行巡逻任务的"科德林顿号""美洲豹号"（Jaguar）和"标枪号"（Javelin）驱逐舰绕航赶到，但救援船只仍有大量缺口。5月29日，又有7艘驱逐舰——"真理号"（Verity）、"收割机号"（Harvester）、"埃斯克号"（Esk）、"马尔科姆号"（Malcolm）、"快车号"、"弯刀号"（Scimitar）和"猎人号"——抵达。

事实上，5月29日英国皇家海军出师不利。先是和"收割机号"一道赶往布雷海滩的"麦凯号"驱逐舰途中搁浅，随后，"蒙特罗斯号"驱逐舰在浓雾中与拖轮"太阳五号"相撞。"麦凯号"和"蒙特罗斯号"就此无法参与撤离行动，所幸"收割机号"安然无恙，搭载了700名士兵，其中包括100名伤兵。

下午1时30分许，有14艘船只停泊在敦刻尔克海域，其中11艘靠泊东防波堤。德国空军注意到了这一点。如果说这天开始就不顺利的话，那么情况很快就变得更加糟糕——这次行动中盟军所遭受的最具破坏性空袭接踵而至。皇家海军参谋部对"发电机行动"历史的官方记载称："的确，敦刻尔克港生死攸关的航道没被沉船堵塞，完全是运气使然。"

第一次大规模空袭于下午3时30分开始，摧毁了位于西码头的法国"密史脱拉风号"（Mistral）驱逐舰。约一小时后，斯图卡俯冲轰炸机发动了第二轮空袭，它们呼啸着俯冲下来，活像打头阵的死亡之神。

昏天黑地

一颗453.5公斤重的炸弹和两颗226.8公斤重的炸弹击中了"榴弹号"驱逐舰，几秒钟过后，舰上就燃起大火，令人窒息的黑烟腾空而起。"美洲豹号"驱逐舰遭遇多次险情，其中一次炸弹把吃水线以下的船体炸出个洞。将搭载的部队转移到其他船上后，"美洲豹号"一路挣扎着返回多佛尔，武功尽废。

"真理号"驱逐舰虽然搁浅，但在猛烈轰炸下逃过一劫。第四次空袭从下午6时30分左右开始，袭击了跟随"美洲豹号"返回多佛尔的"萨拉丁号"（Saladin）。后来，单桅船"拜德福德号"船尾被炸掉，"蝗虫号"（Locust）炮艇把它拖了回去。"勇敢号"（Gallant）、"灰狗号"和"勇猛号"（Intrepid）驱逐舰均受到了重创。

尽管5月29日损失惨重，皇家海军仍然有18艘驱逐舰、9艘扫雷艇以及一批非军用船只和小型船只返回英国，共搭载47310名士兵。"加尔各答号"运送的人员最多，达1856人。然而，

▲ 蜻蜓级内河炮艇"蝗虫号"耗时32小时，把"拜德福德号"拖回多佛尔

▲ 1939年，"加尔各答号"改为防空巡洋舰，并在敦刻尔克大撤退中发挥了关键作用

由于主力舰艇损毁严重，海军部还是决定撤回剩余的H、I和J级现代化驱逐舰。结果，拉姆齐所能调遣的只有15艘舰船，大多是一战时期的，甲板空间有限，防空火力薄弱。

幸运的是，次日海军部撤销了驱逐舰禁令，这些不可或缺的舰只才得以坚持撤军到最后。行动结束时，他们撤走了9.6万人，比任何其他类型的船只撤走的人都多。扫雷艇也功不可没——36艘扫雷艇共搭载了4.6万人——5月30日它们立下了汗马功劳，抢滩登陆，硬生生把疲惫不堪的部队拖离了险境。

尽管如此，海军部还是对前一天的损失心有余悸，下令一次只能有一艘驱逐舰靠泊东防波堤。这种谨小慎微的做法一直持续到晚6时，随后行动再次提速。截至当天结束，共有5.3万余人登船，其中近3万人来自海滩。这是第一天从海滩上撤军的人数超过了从港区撤走的人数。也就是在这一天，皇家海军几乎没有伤亡，只有"安东尼号"（遭到空袭）和"佩剑号"（Sabre，受到炮击）受伤。

援军赶到

5月31日，数百艘来自英国的小船以及法国和比利时船只抵达，助推了撤离行动。当日，英军只损失了停泊在拉帕内的"德渥尼亚号"（Devonia）扫雷艇。这天对盟军来说是个好日子。他们特地多运法国军队，共有6.8万余人上船，是这次行动以来撤走最多人数的一天。

然而，6月1日上午，德国空军再次发起攻击，不久之后，扫雷艇"飞鱼号"和驱逐舰"基

▲ 5月29日，"榴弹号"被斯图卡飞机击沉，弹药库在燃烧数小时后爆炸

思号"中弹，前者与275名士兵一起葬身海底。很快，驱逐舰"巴斯利斯克号"和"哈文特号"也相继沉没，"艾凡赫号"被击中后拖回多佛尔。老旧的"伍斯特号"也被无情的空袭炸坏，而"布莱顿女王号"（Brighton Queen）扫雷艇则没能逃脱德国空军的追剿。代价固然高昂——撤离行动只好改在夜间进行——但仍有6.4万余人安全登陆英国。

6月2日，随着行动接近尾声，起航时间定在下午5时。在出海的11艘驱逐舰中，"佩剑号"和"猎人号"先期抵达，共搭载1200人，接着抵达的是装载1500人的"毒液号"（Venomous），皇家海军的这些舰艇没有任何损失。到午夜时分，又有26256名士兵获救。最后一次大规模撤军于6月3日晚展开，6月4日，又有26175人在英国上岸。

"发电机行动"顺利结束。在参与行动的英国船只中，共有226艘沉没，其中大型船只56艘；驱逐舰6艘，扫雷艇5艘。这次救援行动非常成功，但付出了惨重的代价。

标志性时刻

1940年5月,一批满载敦刻尔克撤离英军的驱逐舰靠泊多佛尔港。每艘驱逐舰每次航程最多可向英国海岸运回900名士兵。

▼ 对"发电机行动"来讲,这些"小船"功不可没

影子舰队

来自英国各地的数百艘商船和小船加入了
英国皇家海军的敦刻尔克撤退行动。
它们的贡献至关重要。

> "我们不知道是谁下达的命令，也不清楚是谁向全英听众进行宣读的，但随着这一富有远见的动员令的播出，敦刻尔克大撤退的关键时刻终于到来。……'小船'为战时英国做出了不可小觑的贡献。"

1940年5月14日九点钟新闻之后，英国广播公司随即播出了动员令：海军部命令，"所有长度30至100英尺（约9至30米）机动游艇的船东"，在消息播出后14天内，要将船只详情报送海军部。我们不知道是谁下达的命令，也不清楚是谁向全英听众进行宣读的，但随着这一富有远见的动员令的播出，敦刻尔克大撤退的关键时刻终于到来。后来的救援行动证明，如此征集上来的"小船"为战时英国做出了不可小觑的贡献。

应当讲，这种前瞻之举难能可贵。战争进行到这个阶段，德军西侵的"黄色方案"才刚刚实施4天。尽管荷兰军队已经溃不成军，但英国远征军尚未全面与敌人交手。英国最高统帅部中还没有人考虑到全军撤退到法国海岸的问题。

动员令发布后，公众反响热烈，各种船况信息雪片般从全国各地飞进海军部。正如一位历史学家所说的那样，英国如今拥有了一支"影子舰队"，一旦英国远征军需要从法国海岸撤离，它们便可以为皇家海军起到拾遗补缺的作用。

5天后，这种需要变成了现实。英国远征军陷入困境，5月19日，海军中将伯特伦·拉姆齐爵士奉命为可能的撤离行动制订行动计划。对拉姆齐的这一委任是明智之举，因为他曾参加过一战，谙熟敦刻尔克附近的水域。由于这片水域极端险恶，海床上布满了古代和现代船只的残骸，所以熟悉情况是先决条件。此外，因为敦刻尔克港海浪汹涌，航道狭窄，对往来船只构成了严峻的挑战。

祸不单行的是，自5月20日起，德国空军目标直指敦刻尔克主要港口，加以严密封锁，给盟军造成严重阻碍。因此，主要撤离点只能是海港西面的突堤——英国远征军撤退人员聚集地和德国空军轰炸的焦点——混凝土和木制的、远远伸向大海的东防波堤。尽管它非常狭窄（见第152页），可一旦撤离行动（如今称"发电机行动"）开始，它就将成为英国军队的重要生命线。

鉴于上述因素，拉姆齐清楚撤离行动将严重依赖小型舰艇和船只，它们能靠近海滩，将撤离人员摆渡到停泊在近海的大型船只上。由于吃水浅，它们能在浅滩和满是障碍物的水域中游刃有余。

客轮和小船

当然，每艘船都不可或缺，参与撤离的不仅仅是那些小型船只，许多商船也都参与到行动中来。比方说两艘老化的马恩岛客运渡轮"莫纳岛号"和"奥里国王号"，它们是第一批抵达法国水域的船只。前者于5月27日黎明起航，在"发电机行动"的第一天里，共运送了1420名士兵。它在格拉夫林附近海域被岸炮袭击，归航时又遭到

> 参与救援的已知最小船只是4.5米长的渔船"坦姆辛号"。现陈列在帝国战争博物馆。

> 在征用过程中，一名船主发现自己的船被拖走后立即报警，一直追到特丁顿水闸。

▲ 5月29日，"莫娜皇后号"在前往敦刻尔克途中触雷沉没

德国空军的攻击——梅塞施密特Bf-109型飞机对其甲板进行了扫射，造成83人受伤，其中23人死亡。它挣扎着回到多佛尔，成为救援行动中完成往返航程的第一船。接下来，有更多的船只如期而至。

在32艘投入使用的客运救援船中，最现代化的当数"英吉利海峡女王号"。它是有史以来第一艘以柴油为动力的横渡英吉利海峡的轮船，也是除皇家海军驱逐舰以外第一艘从海滩上直接救援士兵的船只。第一天，它进入港区，搭载了大约50人，然后驶往海滩。在那里，它用自己的小艇从海滩上救走了大约150人，然后返回敦刻尔克港，又搭载了700人。

这些客轮虽然乘员很多，但鉴于其船体规模大且没有防空武器，极易受到攻击。例如，5月27日，"莫娜皇后号""比亚里茨号""大天使号""奥里国王号""盲从号""优达尔号"和"萨内特岛号"等一大批船只，无一例外地在加来和格拉夫林遭到海岸炮火的袭击。第二天，搭载近1000名士兵的"英吉利海峡女王号"于凌晨4时15分被德国空军击中，5时许被海浪淹没。幸运的是，驶往敦刻尔克途中路过此处的"多莉安·罗丝号"救出了幸存者。

与此同时，"坎特伯雷号"进行了3次航

> "在这可怕的一天中，'发电机行动'中动用的最大船只也葬身海底。"

去敦刻尔克的 X、Y、Z 三条航线

在多佛尔和敦刻尔克之间找出一条最安全的航线并非易事

海军部下令在 33 个大型区域布设 5000 枚水雷，以便严密防护多佛尔和敦刻尔克之间的最直接航线免受敌舰袭击。因此，最直接可行的航线（后来被定为 Z 航线）是从这些雷区南部出发，直抵加来和敦刻尔克之间的法国海岸。然而，一旦德军炮兵占领了法国北部海岸阵地，这条长达 64 公里的航线就会变得异常危险，人们认为白天走这条航线纯属异想天开。

因此，海军部选择了一条从雷区向北然后向东的航线，途经戴克·威瑟尔（Dyck Whistle）浮标、米德尔凯尔克（Middelkerke）浮标和祖德库特水口（Zuydcoote Pass）。不过，这条航线（被定为 Y 航线）大大延长了航行时间，将航行距离增加了一倍多，达到 140 公里。虽说这条航线避开了麻烦的海岸炮火，但因船只长时间暴露在海上，极易受到德国海军和空军的攻击。5 月 27 日，拉姆齐派出了数艘船只沿这条航线试航。

它们起航的同时，第三条路线（被定为 X 航线）也在策划之中，即从古德温（Goodwin）北部到鲁廷根（Ruytingen）海岸北端再到雷区密布的鲁廷根水口。人们认为这是一个理想的折中方案，因为航程只有 88 公里多一点。拉姆齐派出扫雷艇"飞鱼号"和"翡翠鸟号"一路排雷，驱逐舰"冲动号"和灯塔船"帕特里夏号"则在沿途放置浮标标出航线。

▲ 海军部就这三条航线中哪条最为安全进行了辩论

"船只长时间暴露在海上，极易受到德国海军和空军的攻击。"

行，带回4416名士兵，不幸在最后一次航行中遇袭，被迫进入船坞检修。由于这些船只不堪一击，海军部于5月28日做出决定，无武装的客轮只能在夜间作业。

5月27日，英国海军部在伦敦与踊跃报名的动员令响应者们取得了联系，尽管官僚主义和繁文缛节似乎使他们的集结变得没那么顺利。一名主动提供"永恒少女号"游艇的伦敦医生记录了自己是如何因没有必要的许可证而被拒绝进入泰晤士河的，那是他前往希尔内斯（Sheerness）集结地的必由之路。

当小型船只指挥官、海军中将莱昂内尔·普雷斯顿爵士全面核查现有小船名单时，他发现，许多登记在册的小船明显都太小了，无法参与行动。因此，普雷斯顿派军官前往不同的船坞，又征集了40艘摩托艇，并把所有吃水深度在1至2米、适合抢滩的船只全部派遣出去。

在5月29日之前，到达敦刻尔克的小型船只寥寥无几，但它们是由数百艘小船组成的"小船舰队"中第一批重要贡献者。这些船只把近10万名士兵从海滩摆渡到了近海的大型船只上。

天上地狱

5月29日的大事，主要围绕着舰船沉没或受伤展开，皇家海军参谋部对"发电机行动"历史的官方记载称："我方损失惨重，当天早早便开始了。"早5时30分许，"莫娜皇后号"客轮在前往救援途中撞上了磁性水雷。虽然船长和全体船员获救，但"莫娜皇后号"两分钟后便沉入海底。

船上载有650名士兵的"费内拉号"也不幸沉没。一枚炸弹炸裂了散步甲板，另一枚击中了防波堤，一大块混凝土从吃水线下方钻进船体，第三枚炸弹炸毁了机舱。眼见"费内拉号"就要沉没，船上人员只好弃船。

在德国空军猛烈攻击的这一天中，另一艘遭殃的客轮是"奥里国王号"。一枚炸弹炸毁了它的舵机装置，使其失去了控制，在海上打转。最后，"奥里国王号"冲向防波堤，在堤上撞开了一个缺口，暂时停了下来。

一些被海军部征用的拖网渔船停泊在防波堤旁。"卡尔维号"和"波莉·约翰逊号"遭到直接打击。一枚炸弹投进了前者的通风井，在内部爆炸，船员们争先恐后地爬上了附近拖网渔船"约翰·卡特林号"的甲板。"卡尔维号"随即

> 有150多艘参加救援行动的小船后来被找到，它们现在是敦刻尔克小船协会的会员。

▲ 较小的船只在海滩和浅水区搭载士兵，然后把他们摆渡到近海较大的船只上

除了英国和法国,来自比利时、波兰、荷兰和挪威的船只也参与了"发电机行动"。

▲ 如今敦刻尔克港外的东防波堤遗迹

东防波堤

这座狭长的码头在敦刻尔克大撤退中发挥了重要作用

5月28日,坦南特上校意识到主港港区已被空袭封锁,英军的最佳撤离点是位于敦刻尔克港外围的东码头或称东防波堤。实际上它并非为船运而建,不过是一座混凝土防波堤,上面铺有木栈道。

虽然宽度只有1.5米,但东防波堤长度却达到了488米,一直伸向深水区,这意味着多达16艘船只可以同时靠泊撤军。"英吉利海峡女王号"客船是第一艘靠泊在此、救走待命部队的船只。

东防波堤虽然没有任何防护,却经受住了德国空军和大炮的攻击。绝大多数英国远征军士兵都是从它狭长的臂膀上登船撤离的。

"5月31日拂晓，浊浪排空。海浪吞没了许多冲向小船的士兵。"

垂直沉了下去，人们看到它的旗帜露出浅水水面，还在风中猎猎飘扬。"波莉·约翰逊号"在袭击中幸免于难，但船体开始进水，船员被迫弃船。武装拖网渔船"阿利号"把船员搭救上来后，将其击沉。

在这可怕的一天中，"发电机行动"中动用的最大船只也葬身海底。当天早些时候，来自格拉斯哥的6600吨货轮"麦卡利斯特家族号"已经从船上吊出6艘机动登陆艇。遭到袭击后，它立刻开始下沉，船员和获救士兵转移到驱逐舰"马尔科姆号"和扫雷艇"潘本号"上。"麦卡利斯特家族号"平稳坐滩，船只的上层建筑露出水面，持续燃烧了数日。据海军参谋部的官方历史记载，德军轰炸机误以为它还完好无损，尚处于工作状态，故仍然将其设定为攻击目标。即便未捷先死，"麦卡利斯特家族号"仍在继续报效国家。

南方铁路公司的商船"诺曼尼亚号"被海因克尔轰炸机击沉后同样平稳坐滩，其姊妹船"洛丽娜号"也在几分钟后被击中。泰晤士河上的老汽船"冠鹰号"是另一艘遇难船，它当时搭载着撤退战士和从"费内拉号"上救起的士兵，被4枚炸弹击中。落水的200名幸存者遭到德国空军机枪的猛烈扫射。

5月29日残阳斜照之际，敦刻尔克的那一幕简直就像是一场大屠杀。燃烧的船只漂散在海面上，滚滚浓烟飘向夜空。然而，尽管损失如此惨重，但当天有近5万人撤离，其中3.3万余人是从东防波堤撤走的。

舰队在不断壮大

随着越来越多精疲力竭的军人拥入敦刻尔克，焦躁不安的部队难免纪律丧失。许多小船在绝望的士兵登船时出现倾覆。船只调查报告显示，尽管每艘船都在拼尽全力去营救，但强作镇静的军官们对船只匮乏还是怨声载道。

在英国国内，人们还在为搜罗更多可用船只而积极努力。5月30日，又有31艘船只抵达敦刻尔克，许多小船来自希尔内斯、朴次茅斯和纽黑文，一队拖船自蒂尔伯里一路拖着23艘摩托艇和46艘划艇渡过英吉利海峡，还有来自格雷夫森德的5艘拖船拖着驳船上路。所有这些都在不断地证明，它们是海滩撤离的必要保障。摩托艇在其中发挥了重要作用，因为它们能帮助找回被遗弃和漂走的船只，从而提高撤离效率。

▼ 据说"曼恩夫人号"蒸汽班轮安全搭救的士兵，比其他任何船只搭救的都多

据海军参谋部关于"发电机行动"的记载，这一天动用了各种各样的非军事船只跨越英吉利海峡，其中包括游艇、漂网渔船、拖网渔船、汽艇、蒸汽活底驳船、汽车渡轮、近海贸易货船、折叠式小舟、火车渡轮、快艇、纠察艇、水上飞机母舰、游船、蒸汽舰载艇，甚至还有泰晤士河的消防浮标，令人印象深刻。"船只越聚越多，直接驶向多佛尔、唐斯或敦刻尔克，而法国海岸方向仍不断传来'再来点船、再来点船'的急切呼唤。"到当天结束时，已经有近5.4万人从海滩和防波堤上成功撤走。

5月31日拂晓，浊浪排空。海浪吞没了许多冲向小船的士兵，大量船只被卷进深海。然而，一天结束时，数百艘小船陆续赶来。拉姆齐上将特别表扬了6艘来自泰晤士河河口的小舟——"防御者号""奋进号""利蒂西亚号""信心号""声望号"和"坚毅号"——它们将士兵摆渡到近海的大型船只上，并将180名官兵带回拉姆斯盖特。

他称这些船员是志愿者的"楷模"，虽说他们以前从未经过炮火洗礼或体验过严苛的海军军纪，但在德军炮火和飞机的猛烈攻击下，他们依然保持了完美的编队。可悲的是，"声望号"在返回英国途中撞上了水雷，船长和船员遇难。另外，至少损失了16艘摩托艇，其中许多是意外事故所致，诸如发动机故障、搁浅、陷入泥沼等类似情况。尽管如此，小船还在源源不断地赶来。

然而，并非每一个小船船长都能像驾驶泰晤士河小舟的船长那样勇敢。拉姆齐甚至一度命令皇家海军扫雷艇艇长"逮捕所有空船返回的小船"。

随着德军加大对敦刻尔克、拉帕内海滩和进港航道的炮击力度，撤退行动也在紧锣密鼓地加速进行，特别是等上午波涛汹涌的海面平静下来后，效率就更高。事实上，5月31日对盟军来讲是一个重要的日子，超过6.8万人平安脱险，成为整个撤退行动中收效最大的一天。

德国空军重新进攻

6月1日清晨，多艘客轮满载而归。怀特岛客轮"惠平汉姆号"搭载了近3000名士兵。由于过度超载，当遭到炮火袭击时，士兵们都拥向左舷一侧，致使船身倾斜角达到了20度。幸运的是，海面波澜不惊，它仍然顽强地漂浮着。"曼恩夫人号"也趁着夜色撤走，船上装载了许多伤兵；而"奥尔良女佣号"客轮则临时充当码头，供部队登上驱逐舰，随后，它搭载近2000名士兵驶离防波堤。

德国空军的无情打击整夜未停。终于天光大亮之际，德军轰炸机再次发起攻击。停泊在几艘军舰旁边的3500吨级"斯科舍号"客船沉没，船上2000名法国士兵大部分获救，但船员悉数遇难。另一艘客船"布拉格号"严重受损。为了避免沉没，"布拉格号"被拖了回去，停泊在桑当城堡外的海滩上。它3次往返英吉利海峡，共撤离6000余人。

这又是一个恐怖的日子。尽管超过6.4万名法国和英国士兵获救，但盟军舰队有31艘军民船只沉没，11艘受损。6月1日那数个小时的轰炸所造成的损失超过了前7天的总和。因此，海军部决定暂停日间撤离。遭受惨重损失的尤以客船为甚，迄今为止已有8艘沉没，4艘伤残。不过，登船行动整夜未停，6月2日，共有26256人在英国登陆。"发电机行动"接近尾声。

6月2日至3日晚，最后一批撤离开始。客船的关键作用再次凸显出来，"乔治五世国王号"和"圣赫利尔号"从东防波堤上接走近3500人，从而完成了英国殿后部队的撤离。半夜11时30分，拉姆齐在敦刻尔克的代表坦南特上校

"梅德韦女王号"创下了7次往返航行的纪录,救出了7000名士兵,荣获"敦刻尔克女英雄"的称号。

▲ 距敦刻尔克不远处,"廷瓦尔德号"从它的姊妹班轮"奥里国王号"的残骸旁驶过

发出人们期盼已久的信息:"英国远征军已经撤离。"

尽管如此,仍有数千名法军士兵滞留在岸上。他们的贡献不容忽视,正是他们对敦刻尔克周边地区的英勇防御,才令如此多的英军士兵得以脱逃。当法国人聚集在西码头上时,现场一片混乱,他们本应跟随英国远征军的殿后部队登上东防波堤。"皇权号"客船以高超的驾驶技巧向他们靠近,搭载了1500名士兵。它一度搁浅,成为德国空军和炮兵的活靶子,所幸它安然无恙地挺了过来,赶上了下一次涨潮。

客船"银色海岸号""鲁昂号""纽黑文号"和"廷瓦尔德号"也搭载了数百名法国士兵,不过,"曼恩夫人号"因"乘员不足"奉命返回,只搭载了18名法国人,是由小船摆渡过来的。整晚没有船只失事。

在随后的6月3日夜间,4.5万余名法军士兵(连同6名英军散兵)获救。到6月4日下午,"发电机行动"结束。当最后一批幸存者在英国上岸时,共有英国远征军的20万名士兵和14万名盟军士兵从法国安全撤回,总人数约为34万人。敦刻尔克毫无胜利可言,但这次营救行动无疑是一次巨大的成功,其中影子舰队和"小船"居功至伟。它们将被历史永远铭记。

"正是他们对敦刻尔克周边地区的英勇防御,才令如此多的英军士兵得以脱逃。"

标志性时刻

这张照片拍摄于德军攻占敦刻尔克之后。这座港口城市的码头已经被战火摧毁。盟军遗弃了6万多辆汽车,有些甚至沉没在港区。

英国皇家空军的角色

在敦刻尔克大撤退中,英国皇家空军在寡不敌众的情况下进步神速。

▲ 超级喷火式战机能让英国皇家空军与德军致命的梅塞施密特Bf-109型战机相抗衡

> "战斗机司令部再度与德国空军较量,但只击落了一架 Do-17 型和两架 Bf-109 型战机,损失了 8 架飓风式、3 架无畏式和 3 架喷火式战机。德国空军以多胜少的战术再次令英国空军饱尝苦果。"

1938年的重整军备计划要求扩大英国皇家空军规模,以便能够抵御德国空军的攻击,同时兼顾对德发动空中打击。英国皇家空军并不打算为地面部队提供支援,尽管它确实同意将飞机转场海外——英国在法国的空军由两个编队组成,一个是作为英国远征军一部分的空中部队,另一个是保护法国部队的先遣空中打击部队(AASF)。

然而,对皇家空军来说,法国的战斗出师不利。在一场实力悬殊的冲突中,战斗机司令部派出了386架飓风式战斗机,结果74名飞行员被俘或阵亡。5月20日,当空中部队的飓风式侦察

▲ 布里斯托尔布伦海姆IV型飞机是英国皇家空军中程轰炸机中最好的机型

1940 年英国皇家空军在法国

面对德军的步步紧逼，英国在法国的空军遭受了沉重的打击

在"发电机行动"和敦刻尔克空战之前，英国皇家空军有两支独立的部队在法国作战：英国远征军空军部队和奉命保护法国和英国部队的先遣空中打击部队。两支部队都属于 1 月 15 日成立的英国驻法空军，听从空军中将亚瑟·巴拉特（Arthur Barratt）的指挥。

先遣空中打击部队最初由两个布里斯托尔布伦海姆式轰炸机中队和 8 个费尔雷战机中队组成，两个飓风式战斗机中队提供护航。希特勒发动侵略后，战斗机航空队的规模扩大了一倍。英国皇家空军曾期待先遣空中打击部队的轰炸机能阻止德军的推进，但很快就发现，航速较慢、火力不足的费尔雷战机根本不是梅塞施密特 Bf-109 型战机的对手。

英国远征军空军部队包括 4 个莱桑德式侦察中队，4 个布伦海姆式中队，还有 4 个飓风式战斗机中队。和先遣空中打击部队一样，德国入侵法国后，又有两个飓风式战斗机中队加入了战斗。英国皇家空军在法国作战期间，飓风式战斗机蒙受了巨大损失。

英国皇家空军向法国派遣了布伦海姆式轰炸机和战斗机，因为它们是中型轰炸机，更适合在有敌方战斗机参战的行动中发挥作用。轰炸机司令部的 16 个英国本土重型飞行中队的飞机，如威灵顿式、汉普顿式和惠特利式，在白天作战时速度太慢。作为英国战略打击力量的一部分，它们主要在夜色掩护下发动对类似德国鲁尔地区等重工业目标的轰炸。

5 月 10 日是德军发动西线进攻的第一天，先遣空中打击部队对德军进行了攻击。巴拉特中将对法军在德军攻击面前一筹莫展感到沮丧，立即派出了轰炸机，结果代价高昂，进而为英国皇家空军在法国抗击德军的行动定下了基调。当天，皇家空军出动 32 架次，所有飞机都不同程度地受伤，其中 13 架根本没能飞返归队。

▲ 英国驻法国空军司令巴拉特中将和先遣空中打击部队司令普莱费尔少将在一起

> "英国皇家空军曾期待先遣空中打击部队的轰炸机能阻止德军的推进，但很快就发现，航速较慢、火力不足的费尔雷战机根本不是梅塞施密特 Bf-109 型战机的对手。"

机报告德国装甲师正在越过北运河（Canal du Nord）时，把剩余的空中部队撤回英国的计划已经开始实施。

5月20日，皇家空军突然行动，派出两个轰炸机中队，由战斗机护航，向北运河德军纵队发起攻击。令人遗憾的是，当他们赶到时，德军装甲师已经迅速挺进阿拉斯和索姆之间的开阔地。他们散开面积很大，皇家空军的炸弹收效甚微。"在德军哭都来不及的关键时刻，"朱利安·汤普森少将写道，"我们空军却没能投入有效战斗。"

一天后，随着英国远征军向英吉利海峡撤退，其余的空中部队飞回英国，空军决定从英国南部起飞执行保护伞行动，战斗机司令部的第11航空队和轰炸机司令部的第2航空队为退到法国北部的英国远征军提供空中掩护。

这时，据说第11航空队的21个中队共有266架前线战斗机，其中包括114架喷火式，15架无畏式和137架飓风式。由于5个中队的喷火式飞机单纯负责本土防御，因此，敦刻尔克的撤离部队将得到16个中队约200架战斗机的空中掩护，另外还有第2航空队6个中队的60架布里斯托尔布伦海姆IV型轰炸机支援。此外，皇家空军还部署了一批海岸司令部第16航空队飞行速度较慢的阿弗罗安森斯和洛克希德哈德逊飞机。

由于皇家空军没有有效的飞机用于地面部队的近距离支援，皇家海军舰队航空兵试图用剑鱼式鱼雷双翼机，以及少量结合了俯冲轰炸机和战斗机功能的布莱克本 B-24 贼鸥型飞机来填补空缺。

空袭开始

5月25日，德国空军开始空袭敦刻尔克英军。德国空军相信他们有能力把英国远征军打服，就像去年他们分别击溃被困在伊乌扎和布楚

▲ 英国皇家空军的博尔顿·保罗无畏式战斗机是专门为对付德军轰炸机设计的

▲ 由于英国皇家空军军力不足,像费尔雷旗鱼式这样的双翼飞机也被迫参战

拉两地的波兰军队一样。

5月27日,是英军统筹撤离的"发电机行动"的第一天。当日,德国空军出动225架次轰炸机和75架次斯图卡俯冲轰炸机,共投下了350多吨炸弹,摧毁了敦刻尔克港。皇家空军出动287架次予以反击,成功击落了7架道尼尔Do-17型、6架海因克尔He-111型和两架容克Ju-88型飞机。英军为此付出了沉重的代价。仅在这一天,德军就有超过500架次梅塞施密特Bf-109型飞机升空,英军战斗机司令部损失了14架飓风式和5架喷火式战机。

次日,德国空军又对敦刻尔克组织了75架次的轰炸,皇家空军再次反击。前一天,皇家空军以单中队巡逻方式飞行,所以几乎总是寡不敌众。这次,他们将任务出勤数量减少了一半,试图以更大规模的编队飞行来加以应对。战斗机司令部再度与德国空军较量,但只击落了一架Do-17和两架Bf-109型战机,损失了8架飓风式、3架无畏式和3架喷火式战机。德国空军以多胜少的战术再次令英国空军饱尝苦果。

5月29日,皇家空军进一步加大力度,派出两个中队而不是一个中队进行巡逻执勤。这使得战斗机司令部能够发动规模庞大的攻击,但同时也导致巡逻频次变少,间隔时间拉长,撤离部队失去了有效的空中掩护。当天白天至少有6个小时,撤离部队在敦刻尔克海滩上空没有看到英国战斗机。

5月29日,德国空军利用皇家空军较长的巡航间歇时间,发动了175架次的轰炸。德军护航队损失了4架He-111型、4架Ju-88型和6架Bf-109型战机,击落了飓风式和喷火式战机各7架。更为关键的是,德军击沉了12艘船,其中包括两艘重要的驱逐舰和4艘大型客轮。斯图卡俯冲轰炸机是罪魁祸首。

当日,海岸司令部派机巡逻航道,侦察德军鱼雷快艇,损失了3架阿弗罗安森斯飞机,而海军航空兵派出10架剑鱼式鱼雷双翼机攻击德军炮兵部队,但不幸的是,半数被一群德军Bf-109型战机击落。经过一天的毁灭性攻击,德国空军毫无疑问已经成为敦刻尔克的空中霸主。

5月30日,英国远征军和困兽犹斗的皇家空军长舒了一口气。当天,浓雾弥漫,天空阴云

▲ 在敦刻尔克空战中，英军飓风式战斗机扮演了重要角色

密布，德国空军重型轰炸机根本无法组织起协同攻击。战斗机司令部在9次任务中派出了257架次，但只遭遇了少量敌机，击落两架德军Do-17型战机。地面上，集结的德军也未能充分发挥他们的优势，使这一天成为行动开始以来英军形势最好的一天。

"发电机行动"加速

5月31日，德军任命了新的总指挥，统一指挥地面进攻。他们在敦刻尔克周边发动了一系列协同攻击，东翼遭到尤其猛烈的轰炸。事实上，如果皇家空军没能为盟军地面部队提供罕见规模的空中支援的话，那么，德军战果可能还会扩大。

下午4时过后，10架来自海军航空兵的费尔雷旗鱼式双翼轰炸机击中了韦斯滕德（Westende）的目标。4个小时后的晚上8时，9架贼鸥式战机跟进轰炸了纽波特运河（Nieuport Canal）上的德军浮桥。此外，轰炸机司令部还派出了93架布伦海姆式轰炸机，以期阻止德军的进攻。在5月31日的袭击中，负责护航任务的飓风式战斗机与德军Bf-109型飞机展开了空中肉搏，击落敌机3架，自己损失1架。

然而，皇家空军的行动并非一帆风顺。随着时间的推移，德国空军又发动了3轮进攻，派出195架次轰炸机和260架次Bf-109型战机护航；英军则派出了由数个中队的289架皇家空军战斗机组成的大型编队迎战。英国空军只击落了6架轰炸机和4架战斗机，而自己却损失了近20架飞机，其中包括6架喷火式战斗机和8架飓风式战斗机。尽管皇家空军损失巨大，但这天应当算是一个好日子，因为5万余名士兵得以撤离。

对英国远征军有利，就意味着对德军不利。帝国元帅赫尔曼·戈林敦促德国空军加倍努力，直至最终打败英国远征军。为了响应戈林的号召，6月1日，德国空军发动了迄今为止最猛烈的攻击，共出动了160架次轰炸机和300多架次斯图卡战机进行空中打击，多达500多架Bf-109和Bf-110战机参与了护航行动。

皇家空军出动了267架次战机参战，由3至4个飞行中队组成8个巡逻队，不过只击落了两架轰炸机和两架斯图卡战机，基本上乏善可陈。战斗机司令部的确击落了10架德军梅塞施密特飞机，但代价是16架喷火式和飓风式战机折戟沉沙。随后，德国空军轰炸机给盟军舰只造成重大损失，击沉了包括3艘驱逐舰在内的8艘船只，并在蔽日乌云妨碍空袭之前又炸毁了10艘船只。

盟军周边的防御主要由法国军队负责，眼下他们承受着越来越大的压力。德军海岸炮火覆盖了所有进入敦刻尔克的航线，海滩和撤军水域全部都在射程之内。为掩护撤离部队免遭炮击，6月2日上午，皇家空军派出了24架布伦海姆式飞机，奉命对德军炮火实施压制，其中3架轰炸机被德军高射炮击中。

德国空军也紧急出动，大约120架德军飞机——He-111型和斯图卡飞机以及护航的Bf-109和Bf-110型战机——迅速升空。接下来便是一场凶猛的空中角逐，德军战机再次大获全胜，皇家空军6架战机坠毁，而德军只有1架梅塞施密特战机被击落。

据德国空军记载，到6月4日"发电机行动"结束时，英国皇家空军在敦刻尔克上空共击落德军轰炸机42架、战斗机36架，另有数架德军轰炸机被海军防空炮火命中。皇家空军的损失更为惨重，仅第11航空队便损失了84架战机。战斗机司令部的战机总数锐减，只剩下367架飓风式和喷火式战机。很快，它们都将一架不能少地投入到不列颠之战中。

标志性时刻

英国皇家空军飞行员、飞行中队长罗伯特·斯坦福·塔克曾带领战斗机群在敦刻尔克上空战斗,这是他在飓风式战斗机机舱内的留影。1942年,他在法国空战时被击落并遭俘获。

▼ 携带698公斤炸弹的斯图卡俯冲轰炸机,在德军对法国的进攻中发挥了关键作用

敦刻尔克作战武器

从飓风式战机到梅塞施密特战机,从25磅野战炮到III型坦克,本文对德军攻打敦刻尔克时使用的撒手锏进行了详细分析。

> "总的来说，德军的装甲车比法国的要快得多，II型坦克最高时速可达40公里。但是，法国坦克装甲更厚，火炮更大，数量更多。"

1940年5月下旬，德军开始往敦刻尔克以南的运河防线上集结。这些师由步兵、装甲兵、炮兵和空军组成，装备精良，能进行真正的"多兵种"作战，装甲部队和机械化步兵在集中大量坦克的编队中实现了协同行动。德国将军海因茨·古德里安意识到，快速移动的攻击坦克是实施闪电战的利器。它们可以冲破敌人的防线并迅速推进。法军更习惯于和速度较慢、重装甲步兵支援的坦克进行较量，而德军的战术恰恰反其道而行之。

古德里安是英国伟大军事理论家利德尔·哈特（Liddell Hart）著作的热心读者。哈特曾大力提倡机械化制胜论。然而，德国人却迟迟没有组建自己的装甲部队，1919年第一次世界大战后签订的《凡尔赛条约》禁止德军使用坦克。因此，当德国准备在1940年对法国发动打击时，可用坦克只有约2500辆，而且其中的1500辆还是令人不敢恭维的I型和II型坦克。

I型坦克的装甲只有13毫米厚，只配备两挺机枪。II型坦克的装甲厚了一倍多，达到30毫米，其中一挺机枪换成了20毫米火炮。不过，这两种型号都已经过时，显然不能与最好的法国坦克相匹敌。

德军的撒手锏是349辆III型坦克和278辆IV型坦克，辅之以被收编进德军装甲团的约330辆捷克坦克。III型坦克和两种捷克坦克35（t）型和38（t）型拥有37毫米的火炮，而III型坦克和38（t）型坦克的装甲厚达30毫米。IV型坦克的

▲ 法国B1型重装甲坦克拥有75毫米底座炮和47毫米塔炮

装甲厚50毫米，装备有75毫米短管火炮，是Ⅲ型坦克的近距离支援坦克。

盟军坦克与炮兵

总的来说，德军的装甲车比法国的要快得多，Ⅱ型坦克最高时速可达40公里。但是，法国坦克装甲更厚，火炮更大，数量更多。法国可以在战场上部署大约4000辆装甲战车，其中可实战坦克约占半数。

法国引以为豪的是S35型（通常被称为索玛）和B1型重型坦克。人们普遍认为，索玛是当时世界上最好的坦克之一，其装甲厚40毫米，炮塔上装有47毫米火炮；而B1型的装甲更厚（60毫米），火力更猛（75毫米底座炮，47毫米塔炮），尽管速度很慢。

像德军一样，法军也将机械化步兵和装甲车群结合起来，并在机械化师中配备了霍奇基斯主战坦克——35型的防护装甲厚度是34毫米，39型的防护装甲厚度达40毫米。两款霍奇基斯主战坦克都有37毫米火炮。唯一能快速移动的法国坦克是出类拔萃的索玛坦克，时速可达40公里。

与此同时，英军使用了三种不同类型的坦克，按照利德尔·哈特的理论进行了部署——轻型坦克用于侦察，机动性强但火力较弱的巡航坦克集群作战，蜗行的重型装甲坦克用于步兵支援。

Ⅵ型轻型坦克最高时速可达56公里，不过其装甲厚度仅14毫米，只配有0.303英寸和0.55英寸口径机枪。Ⅳ型巡航坦克装甲厚度30毫米，最高时速48公里，配有2磅炮和0.303英寸口径的机枪。在两种重型步兵坦克中，玛蒂尔达Ⅰ型只配有0.303英寸口径的机枪，但装甲却厚达60毫米。玛蒂尔达Ⅱ型装甲厚度78毫米，和巡航坦克一样，配有2磅炮和0.303英寸口径的机枪。

对英国人来说，坦克装备不足是一大缺憾。2磅炮太小，无法发射杀伤力强的高爆弹，只能发射硬弹，对步兵和掩体完全不起作用。英国远征军在法期间，由于坦克性能欠佳，致使600多辆英军坦克被摧毁或遗弃。

重炮是坦克的克星。只有类似玛蒂尔达型和B1型重型坦克，才能弹开德军Pak36型反坦克炮37毫米的炮弹，这是德国国防军步兵部队的主要反坦克武器。英国野战炮兵部队有25毫米的法国霍奇基斯反坦克炮，以及2磅和18磅炮，它们都能杀伤德军坦克。如果装甲太厚，炮手则会瞄准履带或较薄的侧板开炮。

英军还部署了擅打坦克的25磅野战炮。法军的75毫米口径牵引式野战炮于19世纪末研制成功，也许是世界上最早的现代火炮。德国最具代表性的火炮是88毫米口径高射炮，对坦克也能造成严重破坏。

德国空军

尽管大炮是坦克的天敌，但对地面装甲部队来说，也许更具毁灭性的是空中打击。德军在波兰和法国迅速获胜的关键，在于掌控了制空权，撒手锏便是容克Ju-87俯冲轰炸机，也就是人们熟知的斯图卡式。

这种"空中飞炮"的射程远远超出了德军装甲师，还没等盟军飞机升空，便先将它们摧毁

> **"尽管大炮是坦克的天敌，但对地面装甲部队来说，也许更具毁灭性的是空中打击。"**

卡塞勒之战

那天，英军在这个战略要地用炮火击退了德军装甲部队

当英国远征军准备撤退到敦刻尔克海滩时，他们打了几场英勇顽强的后防战。在中世纪老城卡塞勒（Cassel）的那场战斗中，英国炮兵至少在一段时间内挡住了德军的装甲部队。

该城位于5条主要干道的交汇处，战略位置十分重要。5月28日，英军第145步兵旅的两个营负责防御任务，即格洛斯特郡团第2营以及牛津郡和白金汉郡轻步兵第4营。9门25毫米反坦克炮，辅之以伍斯特郡义勇骑兵队部署的15门2磅火炮，构成了炮兵支援火力。正是这些大炮在卡塞勒防御中发挥了至关重要的作用。

5月28日上午10时，德军上校理查德·科尔（Richard Koll）率领第11装甲团向卡塞勒发起进攻。该团共有100多辆坦克，其中包括25辆Ⅳ型坦克和70辆35（t）型装甲车。坦克隆隆向前开进时，英军炮火齐鸣，炮兵们惊恐地看到许多炮弹从35（t）型重型装甲车和更加坚固的Ⅳ型坦克的厚实前挡板上纷纷弹开。尽管如此，英国人还是英勇作战。他们瞄准坦克履带，或是在坦克突破阵地时向其侧面较薄的装甲开火。

据伍斯特郡义勇骑兵队的人说，当天结束时，英军击毁了40辆敌方坦克。另据哈里·"沃利"·蒙恩

▲ 35（t）型装甲车及其37毫米加农炮和机枪在攻打卡塞勒时发挥了突出作用

（Harry 'Wally' Munn）记载，他一个人的炮就击毁了3辆坦克。他的2磅大炮位于卡塞勒的西部，不下24辆坦克气势汹汹地向他们阵地扑来。他回忆说："随着坦克越来越近，连坦克上面的纳粹党旗都能看得一清二楚。"

尽管炮击退了第11装甲团的进攻，迫使科尔率领的坦克部队向东北方向溃退，但卡塞勒的守军奉命放弃阵地，向撤退点转移。不幸的是，没有几个人最终到达了敦刻尔克。绝大多数人阵亡或被俘。尽管如此，他们勇敢的抵抗还是为英国远征军赢得了宝贵的时间。

在地面上。令人望而生畏的斯图卡飞机时速可达340公里，是对英国远征军发动敦刻尔克攻击的代名词。然而，未能摧毁英国远征军使它声誉受损，此后在不列颠之战又遭受了惨重损失。

德国空军的王牌是梅塞施密特Bf-109型战机。它曾参与过西班牙内战，后来加入法国空战，有很多衍生型号。Bf-109型E-3款，发动机上方装配有两挺MG17航空机枪，每个机翼上装配一门MG FF机炮，在1.45万米高空时速可达563公里。

Me-109型是单人机，而梅塞施密特Bf-110型是双引擎重型战斗机和战斗轰炸机，有飞行员和后炮手各一名；它们也参与了敦刻尔克空战。不过，打击英军部队和舰船的主力机型是He-111型（以玻璃机头闻名的中型轰炸机）、Do-17型（有时被称作"飞行铅笔"的轻型轰炸机）和Ju-452、Ju-88型。

Ju-88A型刚刚离开被征服的荷兰，能够像臭名昭著的斯图卡那样俯冲轰炸。在挪威战役中，它们就曾击沉过数艘皇家海军舰艇；在敦刻尔克行动中，它们更是频频得手。

英国皇家空军

鉴于法国空军在闪电战中蒙受的损失，以及法国其他地方需要空中保护，在敦刻尔克大撤退行动中，只能由英国皇家空军登场与德国空军进行较量。英国皇家空军的主力机型是飓风式和喷

火式，由16个中队组成，共有大约200架飞机。

飓风式是现阶段英国皇家空军战斗机司令部的中流砥柱，是随英国远征军飞抵法国的空军中坚力量。尽管在与速度更快的Me-109战机缠斗中甘拜下风，但飓风式还是可靠的，在坠毁之前还是让德军飞机吃尽了苦头。

当然，英国战斗机中的佼佼者当数喷火式。它优雅至极，机动性极强，即便与德国空军最好的飞机相比也毫不逊色。它以1931年为英国赢得"施耐德杯"的超级马林S6B水上飞机为原型研制而成。在敦刻尔克行动中，它首次参战。

参加敦刻尔克空战的是喷火式I型。在9144米高空，它的时速可达506公里，在5638米高空，最高时速为582公里。它装配8挺勃朗宁0.303英寸机枪，作战航程可达638公里。

毫无疑问，喷火式是当时最著名的战机，在整个战争期间一直在生产。如果说它在敦刻尔克大撤退行动中未能把优势充分发挥出来，那也是英国皇家空军战术僵化和新招募的飞行员缺乏实战经验所致。

除了喷火式和飓风式之外，英国皇家空军还派出了博尔顿·保罗无畏式战机，以打击德军轰炸机，并在飓风式伴飞下拦截德军战斗机。与其他战斗机不同的是，它没有前向武器，取而代之的是驾驶舱后部装配的一个旋转枪架，4挺勃朗宁0.303英寸机枪可以向速度较慢的敌军轰炸机发起猛攻。

当然，正像德军轰炸机在敦刻尔克上空发挥作用一样，英国皇家空军也派出了布里斯托尔布伦海姆IV型双引擎轻型轰炸机，它们寻找德军炮兵阵地，对德军步兵和装甲纵队进行拦截。包括旗鱼式鱼雷轰炸机在内的费尔雷战机也起到了一定的作用，虽然看上去不合时宜（它是一种双翼飞机），但它们一直坚持服役到战争结束。

▲ 在1940年法国战役中，英国远征军损失了216门18磅大炮

▲ 这样的I型超级马林喷火式战机，第一次在敦刻尔克海滩上空参与作战行动

"当然，英国战斗机中的佼佼者当数喷火式。它优雅至极，机动性极强，即便与德国空军最好的飞机相比也毫不逊色。"

标志性时刻

德军士兵在梅塞施密特 Bf-109（Me-109）战机旁边的一块空地上小憩。作为当时最先进的战斗机之一，它是德国空军的主力机型。

大结局

158 退却中的胜利

170 直面新的挑战

178 敦刻尔克"奇迹"?

186 如果A集团军群在阿登地区遭到轰炸会怎样?

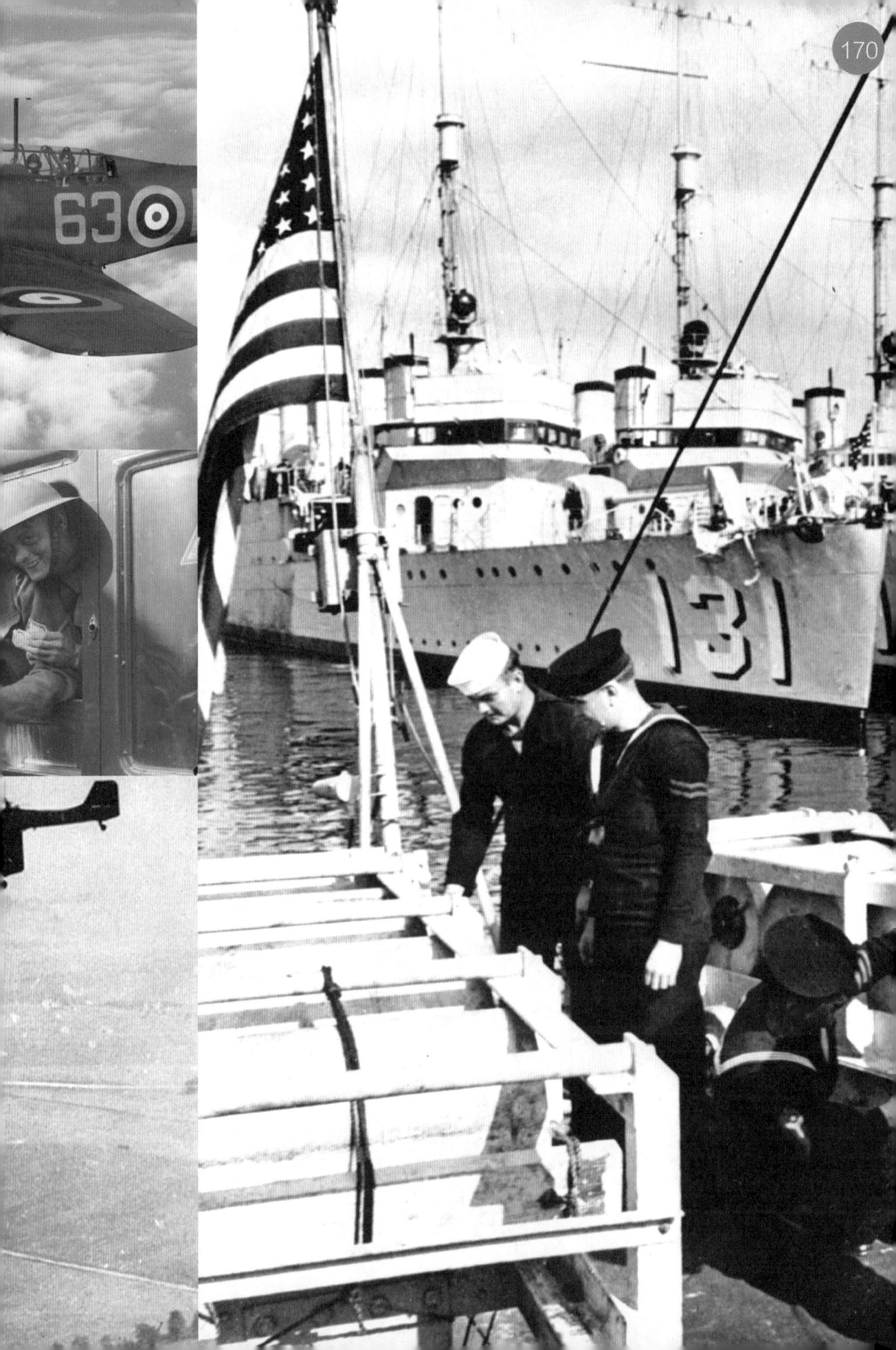

退却中的胜利

毫无疑问,德军在开战初期取得了巨大胜利,但敦刻尔克让人们看到了希望。

▼ 英国远征军奇迹般撤回伦敦后,仍然保持着愉快的心情

丘吉尔的高光时刻

演说在战争中发挥了独特的作用。
在这方面,英国远胜于纳粹

战争期间,丘吉尔发表了许多著名演讲,其中许多措辞余音绕梁,令人们记忆犹新,比方说"少数人"和"高光时刻"等表达方式,不过,1940年6月4日的演讲也许是丘吉尔最有感染力的演讲。他誓言在海滩上战斗到底,决不投降。令人感到诧异的是,这篇演讲从未通过广播向英国人民播送。

在敦刻尔克大撤退后丘吉尔说出的这番话,成为这场战争中最生动的词句,令几名下院议员潸然泪下。

渴望提振士气的国民一定会欢迎这样的演讲,但在丘吉尔下院演说结束后,当晚电台只是有选择地进行了播送,而且即便是节选,也只是由英国广播公司的新闻主播播报,伟大的演说家丘吉尔本人根本没有现声。丘吉尔这篇著名演讲的录音,实际上是在战后的1949年录制的。

▲ 作为修辞大师,丘吉尔在英国最黑暗的日子里发表了诸多著名的演讲

1940年6月4日，温斯顿·丘吉尔在下院发表了一篇非常著名的演讲。此时，英国远征军的撤离任务已经完成，对于这个结果他必须拿捏到位，保持好微妙的平衡。对绝望中的撤退大喜过望固然荒谬绝伦，但倘若英国远征军的主力没能安全回家，那么这场失败就会更加惨重。

丘吉尔提醒大家，就在几天前，前景看上去还是那么黯淡。他说："一周前的今天，我就请求下院把今天下午留出来让我发表声明。我当时真担心届时会迫不得已把我国漫长历史上经历过的最惨重军事失败公之于众。"

然而，实践证明，敦刻尔克大撤退远非一场灾难。人们在短暂的法国战役中汲取了惨痛的教训，德国取得巨大胜利的事实也无需掩饰，而从敦刻尔克海滩及其他地方撤走如此众多的英法士兵，毕竟使英国有了依靠。

它也绝不仅仅是象征性的胜利。当初，丘吉尔及其他许多人都只指望从法国撤回两三万人。事实上，在"发电机行动"之前和展开期间，共有约20万名英军安全撤回英国，另有14万名盟国士兵也得以撤离。

丘吉尔警告说："我们必须戒骄戒躁，别把这场拯救行动涂抹上任何胜利的色彩。战争从来就不是靠撤退赢得的。但是，我们应当看到这场退却中孕育着胜利。"

法兰西之战可谓一边倒的战争，英国损失惨重，1.1万余人阵亡，1.4万多人负伤，另有41338人要么失踪，要么被德军抓获。失去的66426条鲜活生命，足以令任何因成功撤退而手舞足蹈的人归于平静。不过，英国远征军的主力终究还是排除万难幸存下来，为后续战役保存了有生力量。

▲ 为撤离部队准备的茶和三明治。有人把从法国战场上带回的纪念品作为回馈的礼物送人

失败的代价

兵力的损失诚然是个打击，但对英国军队来讲，更大的打击或许是物资和装备的损失。赴法的英国远征军是一支规模相对较小但高度机械化的部队，可撤回英国的他们却和往昔大相径庭。

约有68618辆军车随军运往法国，而返回英国的不到5000辆，损失可以说是致命的，重新装备尚需时日。

炮兵的遭遇半斤八两。尽管有2794门炮随远征军前往法国，但最终却有2472门遗落他乡。英国的反坦克炮仅剩下了54门。结果，尽管营救出的部队足够组建16个师，但只有3个师能够装备齐整。

皇家海军也苦不堪言。在参与"发电机行动"的39艘驱逐舰中，有6艘被击沉（法国也损失了3艘），另有19艘被击伤。共有226艘舰船沉没，其中包括许多民用船只。

然而，最令人沮丧的还是空战中的损失。当英国为德军可能的入侵备战之际，皇家空军却遭受重创。在敦刻尔克大撤退过程中，战术不断演变，越来越多的英军大集群战斗机被派上战场，与攻击敦刻尔克的德国空军大编队作战，并为此付出了高昂的代价。

英军战机损失84架，却只击落敌机78架。在法兰西之战中，共约1000架英国飞机被击毁（该数量因信息来源不同而有所差异），其中包括400多架弥足珍贵的战斗机。据战斗机司令部的休·道丁（Hugh Dowding）称，1940年6月初，英军只剩下524架战斗机。

唯一值得欣慰的是，德国空军也损失惨重。尽管采取进攻的德军占据优势地位（皇家空军经

▲ 永恒的纪念：敦刻尔克大撤退死难者纪念碑

"兰卡斯特里亚号"之死

敦刻尔克大撤退见证了英国海事史上死亡人数最多的事件

"泰坦尼克号"仍然是闻名遐迩的海上灾难,而"露西塔尼亚号"的沉没则是一战以来人们记忆犹新的海难,但当海军征用的"兰卡斯特里亚号"在"空中行动"撤军中被击沉时,船上丧生人员数量相当于"泰坦尼克号"和"露西塔尼亚号"两船遇难人数的总和。

"兰卡斯特里亚号"本来参与协助英军从挪威撤离,后奉命参加"空中行动"。这艘排水量为16243吨的远洋班轮,是圣纳泽尔港船坞制造的最大船只之一,故而成了一个诱人的打击目标。

船长鲁道夫·夏普(Rudolph Sharp)一心想让超载的班轮等待驱逐舰来护航,结果忽略了起航,否则起码不至于停在那里一动不动地让德国轰炸机肆意攻击。

这样的船可能不可避免受袭,Ju-88型轰炸机命中了3次或4次,造成该船右倾,不到20分钟便沉入大海,燃烧的船用燃油对已经坠入海水的幸存者构成了致命的威胁。

令人难以置信的是,幸存者的数量(报告为2447人)实际上超过了该船的额定载客总量。由于悲剧发生时船上总人数不详,估计死亡人数为3000至5800人不等。

▲ "兰卡斯特里亚号"沉没,估计多达3000—5800人丧生

常采用巡航阵型以期能与德军飞机遭遇),但在法兰西战役中,德军也损失了至少1814架飞机,相当于战役初期德国空军兵力的一半左右。英国可能没有条件抗击德军入侵,但德军也不具备发动入侵的条件。

陷入困境的英国

数十万返回英国的军人的安置问题成了燃眉之急。英国人高效地进行了处置,部队被分遣到包括牛津和奥尔德肖特(Aldershot)在内的不同营地,进行康复和整编。许多人返回英国时状态很糟,筋疲力尽,衣衫褴褛。食品和整洁军服必不可少,同时,也需要对最终撤退人数做精确统计。

然而,撤离任务尚未完成。英国最终决定自6月4日开始从挪威撤军。就在最后一批英军从敦刻尔克撤走的同一天,第一批英军士兵从挪威北部的纳尔维克(Narvik)撤离。

虽说挪威战役也算是以失败告终,但它削弱了德军实力,起到了与法国战役类似的作用。在法国,遭受损失的是德国空军,而在挪威,遭受重创的是德国海军。德国损失了1艘重型巡洋舰、2艘轻型巡洋舰、10艘驱逐舰、1艘鱼雷艇和6艘潜艇,此外有更多的舰只受损,从而阻挠了德军迅速入侵英国的企图。

即便如此,5月29日,英军参谋长们仍忧心忡忡,担心德国入侵可能就在眼前。6月4日,

▲ 多佛尔纪念馆建于1975年，旨在纪念英吉利海峡对岸的壮举

> 186 列火车将英军撤离人员运送到伦敦以西的营地。

丘吉尔在演讲中提到了这一岌岌可危的处境："……英吉利海峡的所有港口都掌握在敌人手中，由此带来的悲惨结局可想而知。"他说："我们必须要有心理准备，德军对我国或法国的攻击或许为时不远。"

无力抗击德军入侵的恐惧感，在敦刻尔克大撤退的整个过程中一直如影随形。英军原本可以让更多战机防御敦刻尔克上空，无奈损失太大，人们认为此举过于鲁莽，况且英国很快就需要飓风式和喷火式战机来保护自己的海岸。

尽管如此，如果想要说服法国尽可能长地抵抗下去的话，那么保持在法国的军事存在就不可或缺。在法国仍有10万英军和9个飞行中队（3个战斗机中队和6个轰炸机中队）。丘吉尔同意在维持这些兵力不变的情况下，增派两个中队，但远未达到法国所要求的为下一阶段战役做准备的20个中队。

盟军在索姆河和埃纳（Aisne）河一带构筑了新的防线。英军第51师参与防守，但法国将军马克西姆·魏刚要求增派部队。然而，英国派去的第一批部队是从敦刻尔克撤离的心有余悸的法国士兵。许多人在抵达英国24小时内就返回了法国，最晚返回的也没有超出48小时，只有大约2000名法军伤兵获准留在了英国。

最后的撤离

至此，法国已经在劫难逃。法国军队在战斗

中有大约120万人伤亡或被俘（在德军进攻下，敦刻尔克防线崩溃，大约4万人被俘）。

法军损失过大，已经无力回天。法国军队现在只有64个师，士气低迷，许多部队甚至都没有见过德军，但德军100多个师业已对他们构成合围之势，形势极端严峻。特别是魏刚似乎行将崩溃，一再要求英军增援和美国干预。

6月5日，最后一批部队撤出敦刻尔克后的第二天，德军实施"红色方案"，旨在最终给予法国毁灭性打击。作为法国第9军的一部分，英军第51师不得不听从法军上级指挥官的命令。第51师的指挥官维克多·福琼（Victor Fortune）少将意识到了推迟撤退的危险，但表面上仍表现出与法军同仇敌忾、团结一心。事实证明，他的部队为此付出了巨大牺牲。

尽管法军比以前抵抗得更加顽强，但他们的防线还是不断地后退。第51师试图前往勒阿弗尔进行撤离（此系行动计划的一部分），但6月10日被埃尔温·隆美尔指挥的装甲部队切断退路。第51师转而向圣瓦莱里（Saint-Valéry）开拔，抵达海岸后，他们试图构筑起类似于成功将德军挡在敦刻尔克之外那样的防线。福琼少将甚至打算坚守到6月12日，但由于周边法军相继投降，英军也大势已去，难以固守。第51师只有2000多人撤离，8000多人被俘。

然而，第51师并不是战区中所剩的唯一一批英国人。敦刻尔克大撤退后，有6万名英军士兵毅然返回法国。这一事实凸

> 大约20万名士兵在东防波堤上用船撤走，几乎是从海滩撤离人数的两倍。

▲ "莫娜皇后号"上的幸存者。该船在前往敦刻尔克的途中触雷沉没

▲ 拯救的代价：法国驱逐舰"狂风号"触雷沉没

显了英国希望保持法国战斗力的努力。在艾伦·布鲁克将军的指挥下，英军第52师和加拿大第1师的一部分与第1装甲师的残部联合起来，组建了新的英国远征军。不过，他们在法国驻防的时间并不长。

6月12日，布鲁克才渡过英吉利海峡（第52师已于6月7日开始渡过海峡，加拿大部队于6月12日至13日夜间起运），直到两天后才与法军总司令晤面。他与魏刚会见时的所见所闻使他确信，一切都已山穷水尽。法军最高司令部里混乱不堪，弥漫着失败的气氛。

在布鲁克的建议下，继续向法国投放兵力的行动被叫停（原拟还要派遣两个师），这第二批英国远征军奉命开赴海岸撤离。丘吉尔一度亲自出面干预，命令布鲁克坚守阵地，与法国人并肩作战，令人感到首鼠两端。他向布鲁克解释说，让他们留在那里，就是为了让法国感觉英国仍然在支持他们。布鲁克平静地答道："尸体能有什么感觉？"

> 在停战前，近半数撤离法军（很快便返回法国）参与了进一步的军事行动。

丘吉尔最终做出了让步，但最后一轮撤离行动直到6月16日才获得正式批准。随后，"空中行动"从法国撤回了12.4万名陆军和空军人员。最后的撤离也蒙上了悲剧色彩——"兰卡斯特里亚号"（Lancastria）沉没，许多人丧生。

法国沦陷

6月14日，德军占领巴黎。事已至此，魏刚在菲利浦·贝当元帅的支持下，开始公然考虑与德国休战的方案，尽管自3月份保罗·雷诺就任总理以来一直对此表示坚决反对。

让法国战斗下去的努力现在达到了疯狂的程度。决心继续战斗的戴高乐将军提出法国沦陷后在北非与德国人作战的可能性，他被雷诺派往伦敦与英国商讨合作方案。在伦敦期间，他获悉了一个令人绝望的计划，即英法合为一个英法联盟国。这一举措不太可能实现不说，也有走极端之

"敦刻尔克大撤退后,有6万名英军士兵毅然返回法国。这一事实凸显了英国希望保持法国战斗力的努力。"

嫌，但丘吉尔似乎愿意去寻求内阁的批准。

雷诺对这个提议欣喜若狂，但很快就遭到自己内阁的反对。有些人抱怨说，纳粹统治都比这样的联盟要好。英法两国关系历史上就困难重重，由于战争的压力而变得愈加紧张。法国人认为是英国人让他们进退维谷，关键时刻撤走军队而没有坚定地和盟友站在一起。反过来，英国人觉得法国人在法国战役中的表现乏善可陈，在德军进攻下这么快就俯首称臣简直不可思议。

不管局势有多么险恶，此时显然不具备在两国之间成功建立联盟的气氛。无论怎样努力，最后一次让法国坚持战斗的机会已经逝去。雷诺的辞职和以贝当为首的法国新政府的组建，很快导致了与德国的停战（协定于6月22日签署）。法国战役到此结束。

法国舰队

混乱之际，一个新的交战方卷入了战争。6月10日，墨索里尼发表宣战演讲。尽管许多意大利年轻人认为这是他们人生中的一次伟大冒险，纷纷报名参军，但大多数听众都缄默无语。墨索里尼的宣战迫使英国不得不直面强大的意大利海军，从而使得法国海军的处境急转直下，危机四伏。

在挪威战役中损失惨重的德国海军，如能有法国舰队的加入当然是求之不得，而意大利海军的加盟，则使得英国皇家海军腹背受敌。

由于害怕德国报复，贝当拒绝让舰队开往美国，致使紧张局势升级。德国承诺不会接管法军舰只。根据停战协定，德国和意大利当局将对法军舰队的遣散进行监督。不过，没人真的相信这个承诺会兑现。毕竟，法军舰队是世界第四大舰队。

最后，大部分舰只都去了法属阿尔及利亚的凯比尔港(Mers-el-Kébir)。英国皇家海军"H舰队"很快便封锁了该港，如果不能捕获这些舰只，那就干脆击沉它们。

可悲的是（法国海军上将马塞尔-布鲁诺·让苏尔渴望与英国皇家海军并肩作战），英法双方没能就投降条件达成一致。7月2日，"H舰队"发起攻击，法国舰队被盟国摧毁，1297名水兵丧生。这成了法国最后的耻辱。

"英国人不好惹"

如今，英国已经为即将到来的战争做好了准备。早在5月份，当地志愿部队就开始受权组建，这是地方军（"父亲军"）的前身，它的兵力迅速扩充到60万人。英军在法国损失了很多装备，但英国的经济实力仍然是坚强的后盾。由于步枪极度短缺，英国从美国购买了120万支。

然而，经验却不是用钱就能轻而易举地买到的，幸好从法国撤退回来的远征军经历过炮火的洗礼，对敌人也有所了解。同样，英国皇家空军飞行员们也曾与德国空军的主力较量过，虽然尝到过不少苦头，但也从中汲取了难得的教训。

丘吉尔在6月4日的著名演讲中宣布英国将战斗到底。这将是一场艰苦卓绝的战争，但撤离行动，特别是敦刻尔克大撤离行动，使前景变得不再那么令人恐惧。

"我们获悉希特勒先生有入侵不列颠群岛的计划，"他在下院说，"这早就在我们的意料之中。当年拿破仑和他的大军带着平底船在布洛涅备战了一年，有人就曾告诉他：'英国人不好惹。'自从英国远征军归来，不好惹的人现在越来越多。"

标志性时刻

英军撤退后,大炮留在了海滩上。所有的重型装备不是被烧毁,就是被遗弃。英军花了好几个月的时间才重新装备齐整。

直面新的挑战

英军主力脱离了法国的危局,但如今必须面对新的挑战。

随着法国的沦陷,在欧洲落单的英国并不孤立。大英帝国已经做好了准备,而美国也有望很快参战。

事实上,丘吉尔在1940年6月4日的演讲中,明确提到了英国国力、皇家海军实力以及新世界(美国)支援旧世界的必要性。这一求援信号往往为人们所忽视,因为这是在他信誓旦旦地宣称英国永不投降后提出来的;因此,许多人对丘吉尔言论的分析大多止步于此,没有深入下去。

"英国陆军遭到了重创,下一阶段的战斗焦点将转移到皇家空军和皇家海军。"

▲ 尽管数量上不及飓风式,但在不列颠之战中,喷火式战斗机却功勋卓著

实际上，丘吉尔接下来说的话才是整个演讲中最为重要的一部分："……虽然我从来不相信会发生这种情况，但即使我们这个岛屿或这个岛屿的大部分被征服并陷于饥饿之中，我们在海外的帝国臣民，在英国舰队的武装和保护下也会继续战斗，直到在上帝的眷顾下，新世界挺身而出，不遗余力地拯救和解放旧世界。"

丘吉尔的演讲是字斟句酌的。由于不确定英国能否抵挡住纳粹，美国要求英国保证，即使令人担忧的德国入侵成为事实，英国也要坚持战斗。

还有一种可能性不能排除，那就是德国没有策动入侵。法国沦陷后，希特勒反复考虑了很久。他似乎希望，在德国取得惊人胜利后，英国可能会坐到谈判桌前，而他的优柔寡断给了英国宝贵的喘息时间。英国陆军遭到了重创，下一阶段的战斗焦点将转移到皇家空军和皇家海军。

缩小差距

各方都认识到，希特勒在向英吉利海峡运送军队之前，需要取得空中优势。休·道丁报告的现有战斗机数量令人沮丧，英国可资利用的机会窗口很小。

在德军忙于实施"红色方案"的时候，英方已经获得了喘息之机。即使在法国沦陷之后、与英国空军交手之前，德国空军还有大量的军备工作要做。德军的主战机型梅塞施密特Bf-109属短程飞机，需要从法国的新机场起飞才能轻松抵达英国。这些机场以及配套的防空炮台和营房都需要花时间建设。

5月17日，英国成立了由比弗布鲁克勋爵（Lord Beaverbrook）领导的飞机生产部。作为一名加拿大报业大亨，他这次似乎是剑走偏锋，但他的商业头脑，更别说他推动工作时的

▲ 1940年9月德军大轰炸期间，伦敦船坞上空升起浓烟

> "德国空军还有一个弱点，就是缺少好的重型轰炸机。容克Ju-88型的有效载荷，只能勉强达到后来飞赴德国执行轰炸任务的兰开斯特轰炸机的五分之一。"

那种霸道风格，完全适合应对当下非比寻常的挑战。

他的第一个也是最重要的决定，便是只生产两种机型的战斗机（喷火式和飓风式）和三种机型的轰炸机（布伦海姆式、惠特利式和汉普顿式）。他采用极限作业法，让工人满负荷工作，使生产线的生产效率达到极致。在战事最需要飞机的时候，他们的产品源源不断地出厂。6月一个月共制造了446架战斗机，截至6月底，每周新飞机生产能力达到300架。

同样重要的是，这样的生产速度是纳粹德国的两倍。

随着受损飞机修复工作的重启、雷达和皇家防空观察队（ROC）3万名志愿者的加盟，英国皇家空军逐渐发现在日趋临近的不列颠之战中，自身的地位变得更加巩固和强大。

还有一点虽然不那么关键，但仍然非常重要，那就是皇家海军在撤离过程中的损失无疑削弱了其抵抗入侵的能力，但德国海军遭受的损失更大。意大利的宣战使其舰只加入了反对英国的行列，但法国舰队被残酷地铲除又使天平恢复到了相对平衡的状态。然而，海上的挑战并不单纯来自舰队之间的冲突，还有商船面对的如狼似虎的德国潜艇。

大西洋之战

随着欧洲大陆的关闭，英国战时经济面临着严重威胁。关键原材料仍然可以从美国进口，但运输时间却不可避免地会大大增加，而且运输航线也面临德国潜艇的极大挟制。（经常被忽视但又非常重要的一点，是挪威商船的加入。它们是在挪威沦陷后逃到英国的。）

美国正逐渐接近全面参战的边缘，但不能指望一蹴而就。无论如何，美国经济需要时间来向战时状态转变，尽管罗斯福总统发现可以向英国提供物资为幌子来暗度陈仓，这对不愿卷入另一场欧洲战争的大多数美国民众来讲也算可以接受。

然而，英国"购物清单"上的主项仍然飘忽不定。丘吉尔曾要求获得50艘美国驱逐舰，虽然它们可能是第一次世界大战时制造的，但对航道的保护实在是当务之急。正在享受着"快乐时光"的德军在法国拥有了新的基地；挪威战役结束后，德国潜艇又得以抽身去攻击英国船只。丘吉尔自己也承认，这是整个战争期间唯一真正让他感到恐惧的事情；因此，即便是老旧过时的驱逐舰也能派上用场。

可是，直到英国在德军潜艇和空军的协同攻击下行将崩溃，罗斯福才最终同意交船，条件是租借英国一系列属地，以建立美国海军或空军基地。1940年9月2日，50艘驱逐舰交接签字完毕。

不列颠之战

此时，不列颠之战正在激烈进行之中。法国战役时，德国空军尝到了与快速机动的地面部队协同作战的甜头，根本没有英国战机的后顾之忧。如今，英国皇家空军在国内主场作战，轮到

"了不起的疯子"

参加不列颠之战的波兰飞行员是英国皇家空军中的佼佼者

在第二次世界大战初期，英国从来就不是单枪匹马地战斗。即使在波兰、比利时、挪威和法国沦陷之后，战败国英勇的步兵、水兵和飞行员仍然在继续与纳粹作战。

波兰 303 飞行中队就是他们中的杰出代表。当他们来到英国（他们称之为"最后的希望之岛"）时，他们已经和德国人战斗了将近一年的时间。在保卫自己的祖国未果之后，他们踏上了一条从罗马尼亚、匈牙利到法国的抗击纳粹之路。先后有 130 名波兰飞行员参与了法国战役，驾驶的是过时的高德隆－雷诺 C.714 旋风式战机。法国失守后，他们继续坚持战斗。

他们的战斗素养很高（13 人在法国战役中丧生，但他们击落了 60 架德国军机），但他们的轻率鲁莽也是远近闻名。在不列颠之战展开之初，他们并未参战，而是一直在学习如何驾驶新的飓风式战斗机。飞行员们个个摩拳擦掌，急切地盼着重新投入战斗。

他们用自己的表现，证明了自己完全有能力驾驭这种新型优秀战机。经过一段时间编队飞行后，人们很快就发现，把它们编成波兰飞行中队效果会更好。8 月 31 日，第四个波兰编队 303 飞行中队参战，第一次出击便打下 6 架 Bf-109 型战机，在军中轰动一时。

事实上，由于 303 飞行中队表现异常出色，有

▲ 303 飞行中队的波兰飞行员在带有中队标志的飓风式战斗机前留影

些人甚至开始怀疑他们的数字是虚报的，于是启动了核查。在目睹了 303 飞行中队的 9 架飓风式击落 8 架德国空军飞机，自己仅损失了一架后，斯坦利·文森特（Stanley Vincent）上校兴奋地宣称波兰飞行员是"了不起的疯子"。

303 飞行中队在取得了惊人胜利（9 月 11 日，在 15 分钟内击落了 17 架德军飞机）的同时，也承受了难以避免的损失。尽管如此，在整个不列颠之战中，他们以损失 9 名飞行员的代价，实现了击落 126 架敌机的战绩。1948 年，波兰空军纪念碑揭幕（战争期间，共有 2408 名波兰人在与英国皇家空军并肩作战时阵亡）。

德国空军疲于奔命了。

认识到英国皇家空军战斗机的威胁，德国空军最初派出双引擎 Bf-110 型战机，企图吸引英军战机中队远离由 Bf-109 型战机编队护航的德军密集轰炸机编队。然而，Bf-110 型被大量击落，最后连自身都需要护航。此外，在法国战役期间纳粹军力的象征斯图卡战机，在这场新的战役中证明适应性较差，甚至可以说不堪一击。

德国空军还有一个弱点，就是缺少好的重型轰炸机。容克 Ju-88 型的有效载荷，只能勉强达到后来飞赴德国执行轰炸任务的兰开斯特轰炸机的五分之一。

英国皇家空军装备的两种出色战斗机各司其职，分工明确，飓风式专攻轰炸机编队，而喷火式则咬住战机护航队。喷火式的确表现不俗，但实际上，德军 Bf-109 型在许多方面性能更为优越，例如武器装备，两门 20 毫米口径的机炮与两门 7.9 毫米口径的机枪相得益彰，火力远比英国对手的要强。

虽然德军的频繁袭击给英国皇家空军机场造成了破坏，但 8 月 20 日在下院的演讲中，胸有成竹的丘吉尔给大家描绘出了一幅令人欣慰的画面。他并没有忽视举国经历的艰辛（用他的话讲，这场"瀑布般灾难"在全国人民头上倾泻而

下),但他坚持认为,这场疾风骤雨终将过去。

"在战争时期,我们英伦三岛从未有过今天这样英勇的军队,"他说,"如今这200万军队勠力同心,在海上和空中向侵略者发起反击。"

在经历过令人震惊的法国战役、令人绝望的节节败退和令人啧啧称奇的海上撤退后,在丘吉尔看来,英国比以往任何时候都更加强大,大英帝国坚不可摧。

他承认:"我们所面临的危险依然巨大,但我们的优势和资源同样不可小觑。我之所以这样强调,是因为人民有权知道我们的信心有坚实的基础,绝非无本之木。正如我在两个月前最黑暗的时刻所说的那样,我们有充分的理由相信自身的能力;如果需要的话,我们可以孤军奋战,如果需要的话,我们可以打上数年。"

随后德国空袭的重点发生了转移,这一变化非常重要。9月7日前后,英国皇家空军基地不再是德军主攻目标,他们把注意力转到英国城市上来,妄图用大轰炸打压英国的士气。这一战术调整对战役结果所产生的影响,人们一直莫衷一是,但众口一词的是,由于德国空军未能击溃英国皇家空军,致使入侵英国计划被迫推迟。如果说赫尔曼·戈林没能击溃等待敦刻尔克大撤退的英军,算是对希特勒的第一次辜负的话,那么,这次则是他再度令自己的元首大失所望。

▲ 美国海军"布坎南号"(左)和"克劳宁希尔德号"分别变成英国皇家海军"坎贝尔敦号"和"切尔西号"

标志性时刻
在撤离法国途中的英国皇家空军部队。士兵们要留在甲板上,以免船只被击沉时困在舱里逃不出来。

敦刻尔克"奇迹"?

对敦刻尔克大撤退关键决策的透视,
让我们发现了远不只相左的意见。

▼ 在敦刻尔克海滩上等待撤离的部队,肯定不会有什么打了胜仗的感觉

对英国远征军主力从敦刻尔克大撤退这一重大事件,各涉事方的看法不尽相同。对于取得惊人胜利的德国人来说,这似乎无关紧要,毕竟他们给了堪称战争史上势均力敌的对手以最沉重的打击。就法国人而言,这既是耻辱,也是背叛。英国人抽身而退,没有和盟友并肩战斗。就美国人而言,这是大无畏的象征,无异于抗击纳粹侵略者的胜利。就英国人而言,这是一次绝处逢生、转危为安的机会,是希望之火行将熄灭却又重新燃起的奇迹。

由于英国在美国参战前坚持抗击德国,最终赢得了来之不易的胜利,因此,人们把敦刻尔克视为反击希特勒的起点,1945年胜利的种子已经播撒在敦刻尔克的海滩上。然而,当时人们并不清楚在接下来的几个月时间里会发生些什么,只知道德国正在计划入侵英国,故而在导致法国沦陷的惨败阴影中,让人们展望胜利绝非易事。

撤退决定

回顾历史,彼时的英国显然需要让尽可能多的部队跳出敦刻尔克的死亡陷阱。法国随后迅雷不及掩耳的失陷清楚地表明,继续滞留法国只会招致灭顶之灾。

朱利安·汤普森（Julian Thompson）少将（前皇家海军陆战队员、《敦刻尔克：向胜利撤退》一书作者）毫不怀疑这是唯一可能的决定，他还认为，法国人觉得英国人让他们陷入绝境的观点是错误的。"这是唯一的选项，"他解释说，"英国人不得不走，因为法国已经崩溃。"

尽管如此，在德国添油加醋的蛊惑下，法国人的怨恨之情还是持续了很长一段时间。英国没有什么可感到羞愧的，毕竟有十几万名法国士兵从敦刻尔克搭乘英国船只撤走。

斗士

各部队在准备敦刻尔克大撤退过程中表现如何？

对敦刻尔克的分析，必须要考虑到有关人员的战斗素养。撤离前的准备工作清晰反映出有关部队的状况，而这个状况着实令人不安。

朱利安·汤普森少将评论道："法军的表现很差。他们的作战理念和指挥通信设施落伍，他们拥有的现代化坦克其实比德军还要多，却没能物尽其用。"

这一点很重要，因为人们常常认为，德军战略和战术都很完善，对欧洲国家发动了势不可当的闪电战，但事实上，他们的装备往往并不比对手的好多少。虽然装甲师包打前敌，但大部分兵力还是常规步兵。战场上的推进速度和指挥官的独立精神是他们的主要优势所在，这恰好与法军的迟缓和缺乏主动性形成鲜明对照。

法国崩溃的速度确实令人震惊，有些部队可以说是望风而逃。汤普森认为，另一个盟国的军队更加差劲："比利时军队简直是一无是处。"

人数不多的英国远征军相对不错，但被盟军拖了后腿。

汤普森认为："在这种情况下，英军的表现可圈可点。担纲侧翼防御的法国和比利时军队的撤退，迫使英军别无选择，只能随波逐流。冯·博克指挥的第六集团军在报告中对英军做了如下评价：'英国远征军作战坚韧顽强，但军事素养不能与我军相提并论。'"

至此，我们再来谈谈最后一个参战方——攻无不克的德军。

汤普森说："德军在战术和作战层面十分出色，但这还远远不够。这可以为他们赢得一场大胜，但却赢不来整场战争，历史已经一再证明了这一点。德国在两次世界大战中都以失败而告终，因为他们的战略是错误的。"

▲ 法国B1型重型坦克是德军坦克的劲敌

▲ 尽管派出了令人恐怖的Ju-87型（斯图卡）这样的俯冲轰炸机，德国空军还是未能阻止敦刻尔克大撤离

至于臭名昭著的"停止前进命令"，并不像上述事件那样一目了然。汤普森认为，德国人有充分的理由叫停他们的装甲部队，尽管事后看来这似乎是一个错误。汤普森承认："'停止前进命令'虽然让英国远征军得以逃离，但对当时的德军来说也是有意义的。装甲部队在敦刻尔克一带根本施展不开。德国人完全有理由认为，英国远征军本可以留给步兵B集团军群来对付。"

1914年挥之不去的记忆，以及本来可以却未能打败法国军队的结局，也在这一决策中发挥了作用。汤普森指出："还有一个因素是索姆河以南的法国军队。德国人难以忘记几近成功的1914年计划，以及法国人如何在马恩地区卷土重来。他们不想重蹈覆辙。"

也许，再冷静地思考一下便会意识到，法国已经做好了失败的准备，而与此同时，让英国退出战争才应该是重中之重。无论如何，停止前进的命令并没有涉及这个问题，它只是给了英国更充裕的时间。

英军能把额外争取到的时间利用得如此之好，要归功于他们在极限压力下的专业精神和英勇气概。把大撤退归结为"奇迹"可以说低估了相关人员的表现。汤普森认为："众多人员得以最终撤离，得益于皇家海军的实力和能力，以及皇家空军的贡献。在大撤退行动中，唯一'神奇'的要素就是波澜不惊的天气。"

"在敦刻尔克海滩上空增派战斗机，无疑会为撤离人员和船只提供更多的保护。"

▲ 敦刻尔克成功大撤退的巨大宣传价值，在大西洋彼岸的美国都能感受到

▲ 像埃尔温·隆美尔这样的德军指挥官，有对瞬息万变的战场局面做出即时处置的权力

小船舰队

人们普遍认为，撤离行动不过是普通平民驾船渡过英吉利海峡，接回一些士兵，然后再返回英国。尽管这种说法并不完全准确（撤离时，这些私人船只大多由皇家海军人员操控），但"小船舰队"确实发挥了作用，其宣传价值不可估量。汤普森解释说："小船在把士兵摆渡到海上大船方面的确出了力，但并没有直接把部队送回英国（这样做的只有极少数）。从敦刻尔克港撤离的部队人数是从海滩上撤离的三倍。"

除了大撤退的方法和技巧之外，等待撤离部队泰然自若的坚忍精神也很令人钦佩。只有在撤走负责殿后的最后一批部队的最后一刻，军纪才出现涣散迹象。这种情形并非他们的羞耻，因为这些亟待撤走的人知道自己是在和敌人赛跑。

在这场最后的疯狂中，数以千计的人纷纷从避难之所跑出来，争先恐后的他们难免成为彼此的障碍。在此之前，人们一直在决绝、耐心地等待，等待轮到自己撤离，有时甚至在他们无法上船时仍能平静地返回沙丘躲避。不过，恐慌很容易蔓延开来，把原本英雄的故事演绎出一个并不光荣的结局。

德国空军的失败

此次大撤退行动的成功，也与德国空军的糟糕表现有很大关系。他们曾大言不惭地声称能挡住英国远征军的退路。"德国空军失败了，"汤普森说，"而且不是最后一次。"

德国不仅在不列颠之战中注定要以耻辱性失败告终，而且随着战争的进展，还有更多的失

"任何延误和贻误都可能是致命的。"

败接踵而至。汤普森认为:"斯大林格勒之战可能算是典型案例。当时戈林夸口保障冯·保卢斯(Von Paulus)指挥的德军第六集团军的补给,但结果遭到了惨败。"

德国空军未能阻止撤离,并非作战缺乏主动性,他们给英法船队和英国皇家空军造成了严重损失。许多等待撤离的士兵觉得,英国皇家空军把他们丢在海滩上听天由命。丘吉尔煞费苦心地澄清了这个误会。

1940年6月4日,丘吉尔在下院称:"我们许多归来的战士并没有看到皇家空军战机参战,他们只见到了没有战机保护的轰炸机。其实,他们低估了皇家空军的战绩。"

汤普森同意丘吉尔的评价。他说:"在这种情况下,皇家空军已经竭尽全力,不让更多战机参战的决定是正确的。"在敦刻尔克海滩上空增派战斗机,无疑会为撤离人员和船只提供更多的保护。然而,在后来的战役中,当德国把战火烧到英国,皇家空军和皇家海军奋起阻击时,每架飞机都不可或缺。

法国沦陷

鉴于把第一批英国远征军平安撤出法国已实属不易,在敦刻尔克大撤退之后仍试图去增援法国未免显得有些怪诞。再度向法国派兵,而且人数如此之少,显而易见是一个政治决策。丘吉尔让艾伦·布鲁克爵士继续坚持与法国人并肩作战显然风险很高,那不过是要表现出坚定支持法国的决心和意志而已。第二批赴法英国远征军很快就不得不撤离,这一事实证明了这一点。汤普森坚信,派遣更多的部队前往法国毫无意义。

汤普森解释说:"正如布鲁克所见,法国人已经'在劫难逃'。第二批英国远征军会和法国人一起跌进深渊。事实上,当第二批英国远征军陆续抵达瑟堡(Cherbourg)的时候,法国正在和德国进行投降谈判。"

因此,无论对敦刻尔克大撤退做出怎样的分析,最重要的是要认识到,承受着巨大压力的戈特勋爵(第一批英国远征军指挥)和布鲁克(第二批英国远征军指挥),都做出了勇敢的决定。汤普森认为,任何延误和贻误都可能是致命的,将给英国远征军带来灭顶之灾。他说:"拯救英国远征军绝对至关重要。假如英国远征军被俘虏,英国便不可能继续战斗下去,只能与希特勒达成某种和解。"

在这种情况下,德国的侵略图谋仍有可能被英国皇家空军和皇家海军粉碎,但倘若没有一支职业陆军,英国会显得十分脆弱,这会严重损害英国人的斗志。"既然在海上、空中都占不着什么便宜,"汤普森说,"我认为希特勒不一定非得要悍然发动侵略,反倒会欢迎与英国达成和解。"

最后,必须得承认,德军战果显著。有鉴于他们的神速行动和法国的迟缓反应,无论在"黄色方案"疯狂实施后会发生什么,法国的沦陷似乎都无可避免。汤普森说:"法国的沦陷是否真的不可避免,还不能妄下断言,这取决于法国人卷土重来的时机。事实上,由于他们没有战略储备,使得德国装甲部队突破色当防线后直插海岸,此时再想力挽狂澜已经没有可能。"

标志性时刻
1940年5月10日,一名德国兵在坦克旁小憩。"黄色方案"将装甲部队利用到了极致。盟军对阿登地区的轰炸会把他们击溃吗?

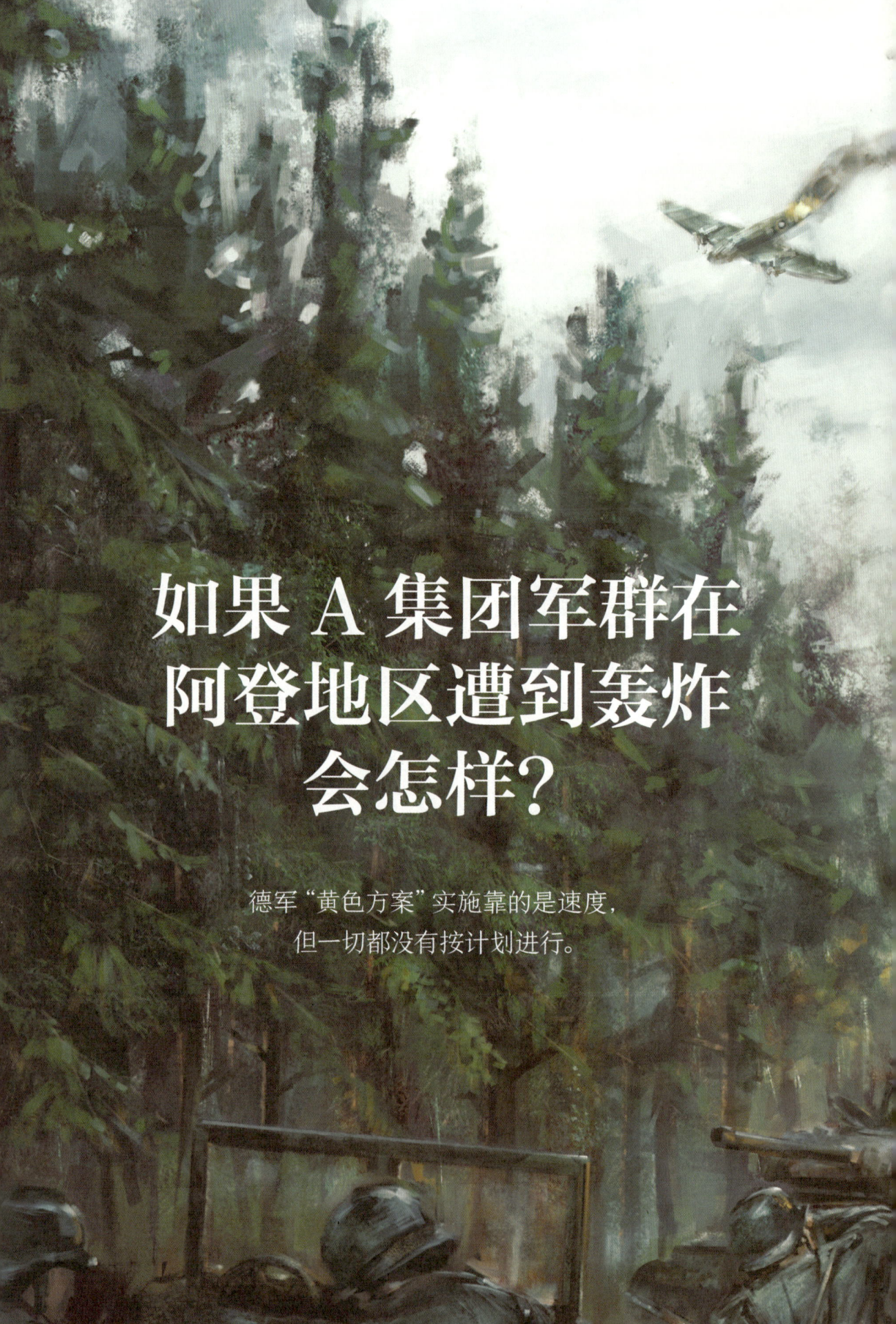

如果 A 集团军群在阿登地区遭到轰炸会怎样？

德军"黄色方案"实施靠的是速度,但一切都没有按计划进行。

> "这可能是一场更加势均力敌的战斗，但光凭给挺进德军造成的最初混乱这点小小优势，可能不足以让盟军转败为胜。"

人们认为，德国人行事精准、计划周密是理所当然，但"黄色方案"有一个潜在的致命缺陷。如果庞大的A集团军群陷在阿登地区，他们的作战计划可能就无法执行到位，进而造成灾难性后果，因为整个计划都依赖于在法军还没从最初打击中恢复过来之前，他们能顺利抵达并越过默兹河。

巧合的是，德国人最担心的事情还是发生了。几个步兵师在试图横穿克莱斯特装甲集群（Gruppe Kleist）的前进路线时，造成了大规模交通拥堵。此时，克莱斯特装甲集群的大部都停顿下来，一旦被发现将成为活靶子。而盟军侦察机也的确发现了他们，灾难正在悄然降临。然而，侦察机的报告被认为无足轻重，没人理睬，致使长达270公里的大堵车最终疏导开来，"黄色方案"得以继续执行。

假如侦察机的报告引起盟军的足够重视，那么会有什么后果呢？军事历史学家大卫·史密斯（David Smith）做了一番梳理和思考。

德军的作战计划在这个阶段出了什么问题，造成了如此灾难性的混乱？

首先，很明显，人们担心的正是如此严重的交通堵塞。克莱斯特装甲集群被划定了仅4条穿过阿登地区的路线，其余路线由行动缓慢的步兵师使用。如果克莱斯特装甲集群陷入停顿，那么取而代之继续战斗的只能是步兵。

因此，每个师都制定了严格的行进时间表。可是，有些师恪守时间，而有些师（由于缺乏训练或指挥不力）却没有守时，结果造成了超级大拥堵。

为什么盟军对侦察机的报告未予理睬？

很简单，人们坚信大规模集团军群无法通过阿登地区，因此，报告没有受到重视。5月10日、第二天上午和晚上以及5月12日下午，都有德军在该地区移动的报告。每份报告都可能被搁置，但就同一件事多次重复报告本应给盟军敲响警钟。然而，盟军却认为这是佯攻，可实际上德军对北方发动的攻击才是虚张声势。

盟军有能力发动空中打击吗？

盟军有能力，但代价会很高，而且轰炸规模还得取决于盟军何时开始认真对待这些侦察报告。德国空军自5月10日开始执行空袭任务，旨在逐步削弱盟军的空中打击力量，此间虽说费尔雷轻型轰炸机损失惨重，但总体上讲空袭效果并不显著。先遣空中打击部队的布伦海姆式战机在随后几天才开始陆续被击落，因此，如果命令很快下达，理论上讲先遣空中打击部队可以攻击大量的德军坦克和机动车辆。法军本可以投入一些过时的阿米奥143M型夜间轰炸机（就像他们攻击渡过默兹河的德军一样）以及少量的卢瓦尔-奥利维耶（LEO）451中型轰炸机。事实上，盟军可以动用的战机并不多。

还需要记住的是，B集团军群在北方也遇到了自己的麻烦。盟军轰炸机出动空袭推进中的德军攻占的桥梁，但也付出了沉重的代价（战斗前

▲ 1940年底退役的费尔雷战机，在反击德军"黄色方案"的战斗中创造了最后的辉煌

3天共出动74架次，损失33架飞机）。

A集团军群会被拦住吗？

是的，但只是暂时的。德军装甲纵队上空有大量战机掩护，任何进攻的飞行编队都会蒙受重大损失，但造成装甲纵队拥堵的确是个诱人的目标。空袭除了能使装甲部队停止行动外，还能引起恐慌，进而加剧混乱。

克莱斯特装甲集群拥有4.1万余辆车辆。假设盟军护航战机能把德军Bf-109型飞机驱离的话，那么轰炸机便可为所欲为，随意轰炸。即便如此，装甲集群自身的防空火力也很猛烈。例如，当18架布勒盖693型飞机在北方袭击德军AK16部队时，其中10架被防空火力击落。

关键的问题是，轰炸机能以多大强度和多高频率空袭遇阻的德军。如果只是让德军已经打乱的日程多加一天，那这样的延误轻而易举地便可弥补过来；如能拖延更长时间，或者给德军造成更沉重打击，那么，胜利的天平就可能开始向盟军倾斜。让我们权且天马行空地想象一下，德军出师未捷便遭到如此致命打击，结局一定是一蹶不振；但就当时盟军空中打击力量而言，还不具备这样一招制敌的实力。

这对后续战斗会产生什么影响？

当只有一方参赛者认为这是一场比赛时，那么，比赛的结果一定总是一边倒的。法军之所以反应迟缓，是因为他们没有想到德军只求突袭，直插海岸。

即使当人们清楚地意识到德军的主要作战意

▲ 1940年5月，穿行在森林中的德国Ⅱ型坦克

图是挺进色当，也没有表现出应有的紧迫感。5月12日晚，预备役部队奉命迎战，但随后又接到两天后赶到新阵地的命令。因此，显而易见的是，即便成功突袭德军混乱不堪的装甲部队，也不可能有足够的时间来弥补法军我行我素的迟滞行动。法军自认为德军都是重型装备，他们足足有6天的时间准备应对。即便如此，通过阻止A集团军群的快速推进（或者更准确地说，把现有混乱的局面搞得更糟），也可以赢得额外的宝贵时间。

然而，主要由预备役军人组成的法国第七集团军已经移防到盟军防线的最北端。就其原来的阵地看，第七集团军完全可以向北转移，抗击德军通过阿登地区的进攻。如果德军的推进被盟军轰炸所阻断或减缓，那么，即使法军惯常的部署再缓慢，结果也可能是霄壤之别。

有必要撤退到敦刻尔克吗？

答案是肯定的。德军突袭可能会被放缓，盟军抵抗可能会更顽强，但归根结底，缓慢的法军指挥系统仍然难以与决心快速行动的德军抗衡。

会有什么不同？

真实大事记

● 德军空袭
5月10日
对盟军空袭基地的持续攻击开始，逐渐削弱了盟军与德国空军争夺制空权、抵抗德军地面进攻的能力。

● 在阿登地区发现德军
5月10—12日
侦察机至少先后4次报告德军纵队在阿登地区移动。盟军认为此系佯攻，对这些报告未予理睬。

● 古德里安发动装甲突袭
5月15日
古德里安在与克莱斯特（主张巩固阵地）的争辩中获胜，开始直插海岸，对包括英国远征军在内的北方盟军实施分割围歼。

假设大事记

● "黄色方案"开始
5月10日
大规模德国战役开始。德军在北方的"斗牛士斗篷"式障眼法旨在吸引盟军注意，从而掩盖取道阿登地区突袭的真正意图。

● 德军骗术奏效
5月11日
英法军队认为德军将通过比利时来实施主攻，于是向代勒河一线预定阵地进发，而没有留意阿登地区。

● 在阿登地区发现德军
5月11日
5月10日晚，有报告称德军纵队正在通过阿登地区。次日早上，奉命侦察的飞机进一步确认，德军主力正在实施突击。

● 首次轰炸德军纵队
5月11日
盟军竭尽所能集中兵力，对前进的德军发动了一系列空袭。在飓风式战斗机护航下，突袭把德军打得乱作一团。

即使意识到装甲部队突袭是德军运用的主攻策略，法国人也误解了装甲部队的作战意图，认为它会绕过马其诺防线，从后方发动进攻。直插海岸的德军动摇了北部法军和英国远征军的防线，盟军对此做梦也没想到，待他们猛醒（姗姗来迟）之际，已经没有后备力量来组织反击了。

"黄色方案"仍然会成功吗？

很难看出它怎么会失败。战斗可能会变得更加势均力敌，但光凭给挺进德军造成的最初混乱这点小小的优势，可能不足以让盟军转败为胜。

有一个因素可能对盟军有利。为在实施"黄色方案"的几天里保持必要的清醒，德军士兵服用了兴奋剂脱氧麻黄碱（一种甲基苯丙胺类药物）。战斗结束时，他们已经力倦神疲；德军给士兵们提供了3500万片脱氧麻黄碱，规定了服用剂量，以避免部队沉溺于毫无意义的睡眠之中。假如盟军再打上一两天，让德军承受额外的压力，能否就会成为压垮吸食毒品的德军最后一根稻草呢？

战争会陷入僵局吗？

即使德军被突然阻断，也没有机会再回到上次世界大战中的堑壕战。进攻战术已得到改进，战壕阵地可以轻而易举地被快速突破。一战大屠杀噩梦的重演不过如此。

所以，这个"假设"的最终分析是……

很可能没有办法抵抗德军的进攻，因此，必须撤离英国远征军。即使局面更为有利，即便预警更加及时，法军也会因自身反应迟钝而步履蹒跚。就像一个伟岸、庞大的躯体却有着漏洞百出的神经系统，根本无法做出快速反应和处置。看来，得需要一个更富戏剧性的"假设"，才能改变那段历史的宿命。

● **撤离计划开始实施**
5月20日
当古德里安指挥的部队到达英吉利海峡岸边时，英国远征军开始计划撤离。非必要人员已奉命返回英国。

● **阿拉斯反击**
5月21日
盟军的反击对德军装甲师的侧翼构成了威胁，将他们与行动缓慢的后续步兵部队隔离开来。部队被一分为二的可能性令德军指挥官感到焦躁不安。

● **停止前进命令**
5月24日
为了给下一阶段实施"红色方案"保存实力，德军装甲部队奉命停止前进。围歼盟军的任务交由B集团军群去完成。

● **"发电机行动"开始**
5月27日
英国远征军和法军开始撤离，最终从敦刻尔克一带海岸撤出约34万人。人们把这次成功的大撤退行动视为准胜利。

● **部队拥堵**
5月12日
由于装甲师和步兵师陷入无望的纠缠，德军指挥失灵，造成大规模拥堵。盟军空袭行动持续了一整天，虽然损失惨重，但加剧了地面的混乱。

● **渡过默兹河**
5月15日
比原计划晚了几天，海因茨·古德里安的装甲部队还是渡过了默兹河，但不得不守住桥头堡，等待足够多的部队赶到，以实现突围。

● **阿拉斯反击**
5月21日
盟军在阿拉斯的反击对德军纵队构成了威胁。由于担心队伍被截断，先头部队被迫停止前进。

● **撤离计划开始实施**
5月25日
尽管没有精疲力竭的装甲部队的支援，B集团军群还是将盟军击退。撤离计划开始。

● **"黄色方案"暂停**
5月13日
车辆和部队拥堵长达270公里，德军突击阿登地区的行动戛然而止。由于持续损失，盟军空袭被迫停止，德军进攻也被迫中止。

● **精疲力竭**
5月20日
德军在经过法国向海岸推进的过程中，由于连续数日睡眠不足和持续行动，已经师老兵疲。

● **德军抵达海岸**
5月24日
古德里安指挥的部队竭尽全力抵达英吉利海峡沿岸，关闭了盟军北进的大门，但已无法继续展开进攻行动。

● **"发电机行动"开始**
5月29日
由于功亏一篑，没能阻止德军的进攻，英国决定撤回远征军。部队从敦刻尔克一带海岸撤走。